Kohlhammer

Der Autor

Prof. Dr. Gerd Schulte-Körne, Professor für Kinder- und Jugendpsychiatrie und -psychotherapie an der LMU München und Direktor der Universitätsklinik für Kinder- und Jugendpsychiatrie, Psychosomatik und Psychotherapie, LMU Klinikum. Prof. Schulte-Körne forscht seit über 30 Jahren zu den Ursachen, zu wirksamen Präventions- und Fördermethoden sowie zu diagnostischen Leitlinien der Lese-Rechtschreibstörung. Er ist Autor von über 100 Fachartikeln zum Thema LRS und hat mehrere LRS-Förderprogramme entwickelt. Seine Arbeiten wurden mit mehreren Wissenschaftspreisen ausgezeichnet. Als Arzt und Wissenschaftler unterstützt, berät und behandelt er Kinder, Jugendliche, Erwachsene und ihre Familien mit einer LRS. Er koordiniert die S3-Leitlinie zur Diagnostik- und Behandlung bei der LRS, berät Lehrkräfte im Umgang mit Schüler*innen mit einer LRS.

Gerd Schulte-Körne

Lese-/Rechtschreibstörung

Kinder, Jugendliche und Erwachsene mit
LRS wirksam unterstützen und fördern

Verlag W. Kohlhammer

Dieses Werk einschließlich aller seiner Teile ist urheberrechtlich geschützt. Jede Verwendung außerhalb der engen Grenzen des Urheberrechts ist ohne Zustimmung des Verlags unzulässig und strafbar. Das gilt insbesondere für Vervielfältigungen, Übersetzungen und für die Einspeicherung und Verarbeitung in elektronischen Systemen.

Pharmakologische Daten verändern sich ständig. Verlag und Autoren tragen dafür Sorge, dass alle gemachten Angaben dem derzeitigen Wissensstand entsprechen. Eine Haftung hierfür kann jedoch nicht übernommen werden. Es empfiehlt sich, die Angaben anhand des Beipackzettels und der entsprechenden Fachinformationen zu überprüfen. Aufgrund der Auswahl häufig angewendeter Arzneimittel besteht kein Anspruch auf Vollständigkeit.

Die Wiedergabe von Warenbezeichnungen, Handelsnamen und sonstigen Kennzeichen berechtigt nicht zu der Annahme, dass diese frei benutzt werden dürfen. Vielmehr kann es sich auch dann um eingetragene Warenzeichen oder sonstige geschützte Kennzeichen handeln, wenn sie nicht eigens als solche gekennzeichnet sind.

Es konnten nicht alle Rechtsinhaber von Abbildungen ermittelt werden. Sollte dem Verlag gegenüber der Nachweis der Rechtsinhaberschaft geführt werden, wird das branchenübliche Honorar nachträglich gezahlt.

Dieses Werk enthält Hinweise/Links zu externen Websites Dritter, auf deren Inhalt der Verlag keinen Einfluss hat und die der Haftung der jeweiligen Seitenanbieter oder -betreiber unterliegen. Zum Zeitpunkt der Verlinkung wurden die externen Websites auf mögliche Rechtsverstöße überprüft und dabei keine Rechtsverletzung festgestellt. Ohne konkrete Hinweise auf eine solche Rechtsverletzung ist eine permanente inhaltliche Kontrolle der verlinkten Seiten nicht zumutbar. Sollten jedoch Rechtsverletzungen bekannt werden, werden die betroffenen externen Links soweit möglich unverzüglich entfernt.

1. Auflage 2021

Alle Rechte vorbehalten
© W. Kohlhammer GmbH, Stuttgart
Gesamtherstellung: W. Kohlhammer GmbH, Stuttgart

Print:
ISBN 978-3-17-038366-1

E-Book-Formate:
pdf: ISBN 978-3-17-038367-8
epub: ISBN 978-3-17-038368-5
mobi: ISBN 978-3-17-038369-2

Inhalt

1 Lesestörung, Rechtschreibstörung, Leeschwäche, Rechtschreibschwäche, LRS, besondere Schwierigkeiten beim Lesen und Rechtschreiben, Legasthenie! Viele Namen für ein Problem? 11
   1.1 Hintergrund zu den Begriffen 14
   1.2 Fallbeispiel.. 15
   1.3 Praxistipps... 16

2 Gibt es schon im Kindergarten Hinweise für ein Risiko für Lese- und oder Rechtschreibschwierigkeiten?........ 17
   2.1 Hintergrund....................................... 17
   2.2 Fallbeispiel.. 18
   2.3 Praxistipps... 19

3 Woran erkenne ich eine Lesestörung? 21
   3.1 Hintergrund....................................... 22
   3.2 Fallbeispiel.. 24
   3.3 Praxistipps... 25

4 Lesestörung bei Erwachsenen 26
   4.1 Hintergrund....................................... 26
   4.2 Fallbeispiel.. 27
   4.3 Praxistipps... 28

5 Woran erkenne ich eine Rechtschreibstörung?........... 30
   5.1 Hintergrund....................................... 31
   5.2 Fallbeispiel.. 32
   5.3 Praxistipps... 33

5.4 Rechtschreibstörung bei Erwachsenen 33

6 Psychische Belastungen bei einer Lese- und/oder Rechtschreibstörung 35
6.1 Angststörung/Schulangst 36
6.2 Traurige Stimmung, Depression 37
6.3 ADHS, Hyperaktivität, Aufmerksamkeitsprobleme 38
6.4 Kopf- und Bauchschmerzen vor der Schule 41

7 Wie wird eine Lesestörung festgestellt? 43
7.1 Hintergrund 43
7.2 Fallbeispiel 48
7.3 Praxistipps 49

8 Wann liegt eine Lesestörung vor? 51
8.1 Hintergrund 52
8.2 Fallbeispiel 54
8.3 Praxistipps 55

9 Wie wird eine Rechtschreibstörung festgestellt und wann liegt eine Rechtschreibstörung vor? 57
9.1 Hintergrund 58
9.2 Fallbeispiel 62
9.3 Praxistipps 64

10 Was kann ich als Eltern tun, wenn bei meinem Kind eine Lese- und/oder Rechtschreibstörung festgestellt wurde? 66
10.1 Hintergrund 66
10.2 Hausaufgaben 68
10.3 Häusliche Hilfen und Förderung 69
10.4 Kontakt zur Schule 71
10.5 Wer bietet Hilfen an? 73

Inhalt

11	**Was kann ich als Lehrkraft tun, wenn ein Kind in meiner Klasse eine Lese- und/oder Rechtschreibstörung hat?**	75
	11.1 Erkennen von anhaltenden Schwierigkeiten im Lesen und/oder Rechtschreiben	75
	11.2 Entwicklungsstufen des Lesens und Rechtschreibens	76
	11.3 Schultests zur Überprüfung der Lese- und Rechtschreibfähigkeit	78
	11.4 Unterstützen und Fördern in der Klasse	80
	11.5 Empfehlungen für die Unterrichtspraxis	81
	11.6 Schulrechtlicher Rahmen	84
	11.6.1 Formen des Nachteilsausgleichs	84
	11.6.2 Notenschutz	86
12	**Welche Methoden sind bei der Förderung und Behandlung einer Lese- und/oder Rechtschreibstörung zu empfehlen?**	87
	12.1 Was bedeutet wirksam?	88
	12.2 Förderung bei der Lesestörung	89
	12.3 Förderung bei der Rechtschreibstörung	91
13	**Hilfen bei psychischen Problemen**	95
	13.1 Lerntherapie bei Ängsten und trauriger Stimmung	96
	13.2 Hilfen bei Lernblockaden	98
	13.3 Hilfen für Kinder mit Aufmerksamkeitsproblemen	100
	13.4 Was nicht hilft!	101
14	**Was sind die Ursachen für eine Lese- und/oder Rechtschreibstörung?**	103
	14.1 Gibt es genetische Ursachen?	104
	14.2 Wie arbeitet das Gehirn beim Lesen	105
	14.3 Veränderungen im Lesenetzwerk: Untersuchungsergebnisse zur Lesestörung	107
	14.4 Phonologische Bewusstheit: Was ist damit gemeint und warum ist diese so wichtig?	108

14.5	Bewusstheit für Orthografie: Warum das Erkennen von Rechtschreib-Regelmäßigkeiten hilfreich für das Schreiben ist!	109
14.6	Fakten und Mythen zu den Ursachen	110

15 Leben mit einer Lese- und/oder Rechtschreibstörung ... **114**
- 15.1 Lese- und Rechtschreibstörung und Schule ... 114
  - 15.1.1 Fremdsprachenauswahl ... 117
  - 15.1.2 Schulabschluss ... 118
- 15.2 Berufsausbildung ... 119
- 15.3 Ist LRS eine Behinderung? ... 119
- 15.4 Kostenübernahme der Förderung/Behandlung ... 121
- 15.5 Unterstützung im Rahmen der Jugendhilfemaßnahmen ... 121

16 Prävention ... **124**
- 16.1 Hintergrund ... 124
- 16.2 Inhalte von Präventionsprogrammen zur Vorbereitung auf das Lesen und Rechtschreiben ... 126
- 16.3 Praxistipps ... 127

17 Weitere Informationen ... **129**
- 17.1 Selbsthilfekontakte ... 129
- 17.2 Beratungsstellen ... 130
- 17.3 Angebote für Diagnostik ... 131
- 17.4 Therapieangebote ... 132

18 Schulrechtliche Regelungen der Bundesländer ... **134**

19 Übersicht über die Förderprogramme ... **138**

20 Erläuterung von Fachbegriffen ... **144**

Literatur... **147**
  Weiterführende Literatur................................. 147
  Leitlinien... 149
  Zitierte Förderprogramme................................ 149

Stichwortverzeichnis... **153**

1 Lesestörung, Rechtschreibstörung, Leeschwäche, Rechtschreibschwäche, LRS, besondere Schwierigkeiten beim Lesen und Rechtschreiben, Legasthenie! Viele Namen für ein Problem?

Viele unterschiedliche Begriffe werden verwendet, um die Schwierigkeiten beim Lesen und beim Rechtschreiben zu benennen. Sie bezeichnen aber nicht das Gleiche! Zunächst müssen wir zwischen den Problemen im Lesen und den Problemen im Rechtschreiben unterscheiden. Hierfür verwenden wir zwei unterschiedliche Begriffe: die Lese- und die Rechtschreibstörung. Dies bedeutet, dass manche Kinder »nur« eine Lesestörung haben, manche »nur« eine Rechtschreibstörung. Dann gibt es Kinder, die in beiden Lernbereichen erhebliche Probleme haben, diese andauernden Schwierigkeiten bezeichnen wir als Lese- und Rechtschreibstörung. Tabelle 1.1 stellt in der linken Spalte den Begriff da, in der rechten Spalte sind die Begriffe erklärt.

Tab. 1.1: Begriffe und Erklärung für die verschiedenen Formen der Lese- und Rechtschreibprobleme

Begriff	Erklärung
Lesestörung	In der Medizin und Psychologie verwendeter Begriff und Störungskonzept. Steht für eine stark ausgeprägte, andauernde Beeinträchtigung im Lesen, die eine neurobiologische Ursache hat.
Rechtschreibstörung	In der Medizin und Psychologie verwendeter Begriff und Störungskonzept. Steht für eine stark ausgeprägte, andauernde Beeinträchtigung in der Rechtschreibung, die eine neurobiologische Ursache hat.
Lese- und Rechtschreibstörung	In der Medizin und Psychologie verwendeter Begriff und Störungskonzept. Steht für eine stark ausgeprägte, andauernde Beeinträchtigung im Lesen *und* in der Rechtschreibung, die eine neurobiologische Ursachen hat.

1 Viele Namen für ein Problem?

Tab. 1.1: Begriffe und Erklärung für die verschiedenen Formen der Lese- und Rechtschreibprobleme – Fortsetzung

Begriff	Erklärung
Leseschwäche	In der Pädagogik und Schule verwendeter Begriff für Probleme im Erlernen des Lesens, unabhängig von der Ausprägung und Dauer. Ursächlich werden schulische Faktoren angenommen.
Rechtschreibschwäche	In der Pädagogik und Schule verwendeter Begriff für Probleme im Erlernen des Rechtschreibens, unabhängig von der Ausprägung und Dauer. Ursächlich werden schulische Faktoren angenommen.
Lese- und Rechtschreibschwäche	In der Pädagogik und Schule verwendeter Begriff für Probleme im Erlernen des Lesens und Rechtschreibens, unabhängig von der Ausprägung und Dauer. Ursächlich werden schulische Faktoren angenommen.
Legasthenie	Historischer Begriff für eine genetisch verursachte Schwäche im Lesen verbunden mit Rechtschreibschwierigkeiten. Neurobiologische Ursachen sind wahrscheinlich.
Dyslexie	Primär im Englischen verwendeter Begriff für eine Leseschwäche, wird aber auch in Deutschland als Begriff synonym zur Legasthenie verwendet.
Besondere Schwierigkeiten beim Erlernen des Lesens, Rechtschreibens und des Lesens und Rechtschreibens	In der Pädagogik, der Schule und Schuladministration verwendeter Begriff für jede Form der anhaltenden und ausgeprägten Beeinträchtigung im Lesen und/oder Rechtschreiben.

Eine weitere Unterscheidung liegt in den Begriffen Störung und Schwäche. Mit Störung wird eine Erkrankung bezeichnet, die durch genetische Faktoren und Funktionsstörungen im Gehirn verursacht wird. Bei der Schwäche hingegen liegen andere Gründe vor, die zu einer Lese- und/oder Rechtschreibschwäche führen können. Hierzu gehört der fehlende Schulbesuch, verursacht z. B. durch eine längere Erkrankung oder eine Unterrichtung, die nicht angemessen für die individuellen

1 Viele Namen für ein Problem?

Voraussetzungen eines Kindes im Lesen und/oder Rechtschreiben ist. Da die Schwäche meist vorübergehend ist, bedeutet dies, wenn die Ursache behoben ist, holt das Kind den Lernrückstand schnell auf und die Schwäche liegt nicht mehr vor. Dies ist bei der Störung anders. Bedingt durch die biologischen Ursachen bleiben Beeinträchtigungen, abhängig davon, wie wirksam eine Förderung und Behandlung ist, bis ins Erwachsenenalter bestehen.

Dann gibt es noch die Begriffe Legasthenie und Dyslexie. Legasthenie ist ein recht alter Begriff, der die Unfähigkeit, das Gelesene zu erkennen und zu verstehen, bezeichnet. Er wird auch als Wortblindheit übersetzt. Im Englischen entspricht diesem Begriff das Wort Dyslexia, das auch mittlerweile in Deutschland häufiger als Dyslexie verwendet wird.

Der Begriff »Besondere Schwierigkeiten im Lesen und Rechtschreiben« wird hauptsächlich in den Schulen verwendet, vor allem in den Erlassen der Kultusministerien (▶ Kap. 18) zu dieser Problematik.

Oft wird auch nur die Abkürzung LRS verwendet, ohne das genau beschrieben ist, ob es sich um eine Schwäche oder Störung im Lesen und/oder Rechtschreiben handelt. In diesem Buch wird die Abkürzung LRS für die drei Störungen, die Lese-, die Rechtschreib- und die Lese- und Rechtschreibstörung verwendet.

Ein häufig in der Fachliteratur und in der Medizin verwendeter Begriff ist die Teilleistungsstörung. Mit diesem Begriff ist ein bestimmtes Konzept der Entwicklungsstörung gemeint. Es geht davon aus, dass nur in einem bestimmten Teilbereich des Lernens, im Lesen- oder Rechtschreiben, eine Störung vorliegt und z. B. keine Probleme im Rechnen oder allgemeine Lernschwierigkeiten. Aufgrund von Forschungsergebnissen, die wiederholt gezeigt haben, dass Kinder mit einer Lese- und/oder Rechtschreibstörung auch in anderen Lernbereichen, wie z. B. dem Rechnen erhebliche Probleme haben können, sollte dieses Konzept nicht mehr verwendet werden.

1 Viele Namen für ein Problem?

1.1 Hintergrund zu den Begriffen

Die Verwendung der unterschiedlichen Begriffe und Konzepte hängt häufig mit den unterschiedlichen Professionen zusammen, die sich mit der Diagnostik und Therapie bei der Lese- und/oder Rechtschreibstörung beschäftigen.

In der Medizin werden Erkrankungen genau beschrieben und dargelegt, was genau die Symptomatik und wie sie zu erkennen ist, was die Ursachen sind, wie die Erkrankung häufig verläuft und welche Formen der Behandlung zu empfehlen ist. Diese Information ist in einem sogenannten Klassifikationssystem zusammenfassend dargelegt, das international abgestimmt ist und von der Weltgesundheitsorganisation (WHO) herausgegeben wird. Diese Klassifikation wird regelmäßig überarbeitet und auf der Basis der aktuellen Befunde aus der Forschung und Praxis aktualisiert. Sie erscheint als Buch und ist auch online verfügbar. In Deutschland ist die »Internationale statistische Klassifikation der Krankheiten und verwandter Gesundheitsprobleme, aktuell die 10. Revision (ICD-10), die 11. Revision wird in Kürze in Kraft treten, gültig. Dieses Klassifikationssystem ist wichtig, da hier die in der Medizin und für die Krankenkassen wichtigen diagnostischen Kriterien für die Erkrankungen aufgeführt werden. Jedoch gibt es bei der Kostenerstattung der Behandlung durch die Krankenkassen auch Ausschlüsse, die auf die Lese- und/oder Rechtschreibstörung angewandt werden (▶ Kap. 15.4).

Die Begriffe Lese- und/oder Rechtschreibschwäche und besondere Schwierigkeiten im Lesen und/oder Rechtschreiben finden sich in dem Internationalen Klassifikationssystem (ICD-10) nicht. In der Pädagogik und damit in den Schulen wird überwiegend von Schwierigkeiten und Schwächen gesprochen, der Begriff Störung im Sinne einer Erkrankung wird vermieden. Ein Grund hierfür ist, dass in der pädagogischen Sichtweise es sich bei der LRS nicht um eine Erkrankung handelt. Eine häufig vertretende Meinung in der Schule ist, dass die Schwierigkeiten im Lesen und Rechtschreiben nicht auf biologische Ursachen wie z.B. familiäre Probleme oder falsche Unterrichtspraxis zurückgeführt werden. Obwohl Forschungsbefunde diese Einschätzung nicht unterstützen, wird seit langem daran festgehalten (▶ Kap. 14). Auch die Auffassung in den

Kultusministerien der Bundesländer zur Frage, was besondere Schwierigkeiten im Lesen und/oder Rechtschreiben sind und wie schulischerseits damit umgegangen wird, ist sehr unterschiedlich (▶ Kap. 18).

1.2 Fallbeispiel

Die Mutter von Max beobachtet bereits in der ersten Klasse, dass ihr Sohn, anders als seine älteren Brüder, erheblich langsamer das Lesen lernt und dabei auch viele Fehler macht. Das Lesen ist für ihn insgesamt sehr anstrengend. Bereits am Ende des ersten Schuljahres hat er die Lust am Lesen verloren, trotz ermutigender Unterstützung. Die Mutter wendet sich an die Deutschlehrerin, die aber wiegelt ab und sagt, die Mutter möge noch etwas Geduld mit Max haben, er wird dies schon aufholen. Es gäbe noch weitere Kinder in der Klasse, die so wie Max lesen würden. Max Mutter ist aber doch in Sorge, dass die Frustration in der Schule bei Max sich auf die anderen Fächer ausweiten könnte. Eine befreundete Mutter rät ihr, Max doch mal bei einer Kinder- und Jugendpsychiaterin untersuchen zu lassen. Trotz einer gewissen Unsicherheit, ob dieser Schritt notwendig ist, macht Max Mutter in der Praxis einen Termin aus. Nach mehreren Untersuchungen stellt die Ärztin bei Max eine Lesestörung gemäß den diagnostischen Kriterien des ICD-10 fest und schreibt ein Attest für die Schule. Sie empfiehlt eine spezifische Förderung zur Verbesserung der Lesegeschwindigkeit. Damit geht Max Mutter zur Deutschlehrerin, die das Attest zur Kenntnis nimmt, aber der Mutter erklärt, dass es sich hier um eine schulische Problematik handelt und dass die Entwicklungsverzögerung im Lesen von Max durch zusätzliche Hilfen und Lernmaterial, das sie Max geben würde, sich mit der Zeit bessern wird. Eine spezifische Behandlung sei nicht notwendig.

Dieses Fallbeispiel verdeutlicht die unterschiedlichen Perspektiven, die die verschiedenen Professionalitäten in Bezug auf die Lese- und/oder Rechtschreibstörung einnehmen. Dies führt jedoch zu unterschiedlichen Empfehlungen, in diesem Fall ist die abwartende Haltung der Lehrkraft nicht zu empfehlen, da bereits in der ersten Klasse durch Förderung das Entwicklungsrisiko für eine Lesestörung verringert werden kann.

1.3 Praxistipps

Schauen Sie sich die Darlegungen in dem Klassifikationssystem ICD-10 an (www.icd-code.de/icd/code/F81.0.html). Dort sind die diagnostischen Kriterien beschrieben, nach denen die Lese- und/oder Rechtschreibstörung festgestellt werden soll. Außerdem sind die diagnostischen Kriterien in Kapitel 7 und 9 ausführlich beschrieben.

Schauen Sie sich die schulrechtlichen Bestimmungen und Empfehlungen des jeweiligen Bundeslandes zur Diagnostik und Förderung von Schülerinnen und Schüler mit besonderen Schwierigkeiten im Lesen und/oder Rechtschreiben an. Entsprechende Links zu den Seiten im Internet finden Sie am Ende des Ratgebers (▶ Kap. 18).

2 Gibt es schon im Kindergarten Hinweise für ein Risiko für Lese- und oder Rechtschreibschwierigkeiten?

Frühzeitig ein Risiko für eine Lese- und/oder Rechtschreibstörung zu erkennen, kann von großer Bedeutung sein, um durch Frühförderung die Folgen eines Entwicklungsrisikos abzumildern. Allerdings ist es nicht einfach, ein Risiko zu erkennen. Außerdem gibt es Vorbehalte gegenüber einer frühen Identifikation eines Risikos. Die Befürchtung ist, dass dies zu einer Verunsicherung oder sogar zur Stigmatisierung eines Kindes führen kann, wenn fälschlicherweise ein Entwicklungsrisiko festgestellt wird. Daher werden Programme zur Frühförderung im Kindergarten nicht selten mit der ganzen Kindergartengruppe durchgeführt, da Studien gezeigt haben, dass zusätzlich zu den Kindern mit einem Risiko für eine Lese- und Rechtschreibstörung auch die Kinder ohne ein Entwicklungsrisiko von der Frühförderung profitieren können.

2.1 Hintergrund

Es gibt Risikofaktoren für eine LRS, die vermutlich genetisch bedingt sind. Daher gehört ein familiär gehäuftes Auftreten einer Lese- und/oder Rechtschreibstörung auch zu den bedeutsamen Risikofaktoren. Hinweise aus Familienstudien legen nahe, dass, wenn ein Elternteil an einer dieser Störungen leidet, das Risiko für ein Kind bei ungefähr 50 % liegt. Dies ist zwar ein recht hohes Risiko, bedeutet aber nicht, dass diese Zahl auf jede Familie zutrifft. Ein häufiges Missverständnis ist, dass genetisch bedingt bedeutet, dass die Erkrankung nicht behandelbar ist. Wie wirksam eine

Behandlung sein kann, hängt nach unserem heutigen Wissen nicht davon ab, welche Ursachen der Lese- und/oder Rechtschreibstörung zugrunde liegen.

Ein weiteres Entwicklungsrisiko für eine Lese- und/oder Rechtschreibstörung liegt in einer verzögerten Sprachentwicklung. Die Sprachentwicklung verläuft in verschiedenen Stadien, beginnend im ersten Lebensjahr und wird in eine Sprech- und Sprachentwicklung unterschieden. Die Sprechentwicklung umfasst die Artikulation, die Fähigkeit, verschiedene Laute zu bilden und zu verbinden. Im Bereich der Sprachentwicklung wird die Sprachwahrnehmung und das Sprachverständnis unterschieden. Zur Sprachwahrnehmung gehört die Unterscheidung von Lauten, z. B. von dem Laut /b/ vom Laut /p/. Diese Unterscheidung ist für die Rechtschreibfähigkeit besonders wichtig. Kann ein Kind die Laute voneinander unterscheiden, so sind die Voraussetzungen dafür geschaffen, den Lauten den jeweils richtigen Buchstaben zuzuordnen. Auch die Zergliederung der Sprache in größere sprachliche Strukturen, wie z. B. in Silben (z. B. Gü-ter-wa-gen), ist eine wichtige Vorläuferfertigkeit für den Schriftspracherwerb.

2.2 Fallbeispiel

> Die Erzieherin im Kindergarten beobachtet, dass Marie, die ein waches und sehr interessiertes Kind ist, bei den Singspielen, bei denen die Kinder Reime finden sollen, sehr große Probleme hat. Marie ist im letzten Kindergartenjahr und in der Vorbereitungsgruppe auf die Schule. In ihrer Gruppe werden Spiele durchgeführt, bei denen man genau hinhören, Wörter sich merken, Reime finden und Laute unterscheiden muss. Diese Spiele finden fast täglich in der Gruppe statt. Marie machen diese Spiele keinen Spaß, da sie große Schwierigkeiten bei den Aufgaben hat. Marie, die sonst immer genau zuhört, ist in der Gruppe unruhig, springt häufig auf und möchte was anderes machen. Die Erzieherin bespricht ihre Beobachtungen mit den Eltern und fragt, ob es

in der Sprachentwicklung bisher Auffälligkeiten gab. Nachdem die Eltern dies verneinen, überlegen sie gemeinsam, ob bei Marie vielleicht eine Hörstörung vorliegt, weshalb sie die Sprache und Laute schlechter unterscheiden kann als die anderen Kinder. Obwohl die Eltern beschreiben, dass Marie alles, was sie sagen, gut versteht, lassen sie eine Untersuchung beim Hals-Nasen-Ohrenarzt durchführen. Die Überprüfung der Hörfähigkeit war unauffällig, allerdings sieht der HNO-Arzt einen Zusammenhang mit den früher, länger andauernden Mittelohrentzündungen von Marie und ihren aktuellen Schwierigkeiten, Laute zu unterscheiden. Er rät dazu, die Sing- und Sprachspiele weiterzuführen, allerdings bräuchte Marie mehr Zeit dafür. Er empfiehlt, dass die Erzieherin die Spiele nur zum Teil mit Marie in der Gruppe durchführen sollte und zum Teil lieber einzeln. Auch die Eltern könnten Marie bei dieser Entwicklung unterstützen, es gebe wissenschaftlich untersuchte Programme, die Eltern mit ihrem Kind zur Förderung der sprachlichen Fähigkeiten als Vorbereitung für das Lesen und Rechtschreiben durchführen können (▶ Kap. 16).

2.3 Praxistipps

Im Vorschulalter kann eine Lese- und/oder Rechtschreibstörung nicht diagnostiziert werden, da entsprechende Lese- und Rechtschreibfertigkeiten noch nicht gelernt wurden. Daher ist bei Vorliegen der folgenden Risiken eine Frühförderung sehr empfehlenswert (▶ Kap. 16). Zu den Risiken gehören eine familiäre Häufung von Lese- und/oder Rechtschreibproblemen und spezifische Auffälligkeiten in der Sprachentwicklung. Sind Eltern oder ein Geschwister von einer Lese- und/oder Rechtschreibstörung betroffen, zeigen sich Sprachschwierigkeiten im Bereich Reime, Silben und Laute zu unterscheiden oder beim Benennen von Buchstaben, ist eine Förderung der Sprachfertigkeiten in den letzten Monaten vor der Einschulung empfehlenswert. Falls das Kind bei der Sprachunterscheidung Probleme hat, die länger andauern, sollte eine entsprechende Diagnostik beim

HNO-Arzt[1] oder Fachärzten, die speziell sich mit dem Hören bei Kindern auskennen (Facharzt für Phoniatrie und Pädaudiologie), durchgeführt werden. Um sich nicht allein auf die Beobachtung des Kindes bei Sprachaufgaben zu verlassen, werden auch Testverfahren durchgeführt, die ermöglichen, das individuelle Risiko eines Kindes für Probleme beim Lesen und Schreibenlernen vorherzusagen. Diese Tests werden einzeln mit dem Kind durch Personen durchgeführt, die dafür ausgebildet sind. Die Tests sind unterschiedlich lang und erfordern meist eine gute Aufmerksamkeitspanne und Konzentrationsfähigkeit des Kindes. Die Vorhersage eines Risikos ist allerdings ungenau, abhängig vom Testverfahren werden ca. 20–50 % der Kinder, die ein Entwicklungsrisiko im Lesen und Rechtschreiben haben, nicht erkannt. Daher ist die Anwendung nur bedingt zu empfehlen.

---

1 Zugunsten einer lesefreundlichen Darstellung wird in der Regel die neutrale bzw. männliche Form verwendet. Diese gilt für alle Geschlechtsformen (weiblich, männlich, divers).

3 Woran erkenne ich eine Lesestörung?

Eine Lesestörung sollte erst ab Mitte der zweiten Klasse diagnostiziert werden, aber bereits in der ersten Klasse lassen sich Hinweise für eine Lesestörung finden. Diese Anzeichen erlauben, bereits frühzeitig den Bedarf an spezifischen Hilfen und Unterstützung zu erkennen.

Zu den wichtigsten Zeichen einer Lesestörung gehört eine deutlich verlangsamte Lesegeschwindigkeit und viele Lesefehler. Die Lesegeschwindigkeit ist so verlangsamt, dass einzelne Wörter, vor allem längere Wörter und Wörter, die selten vorkommen, nicht erlesen oder nur in Teilen gelesen werden. Dabei kann man beobachten, wie das Kind einen Teil des Wortes vorliest, meist den Anlaut (Beginn des Wortes) und dann mühsam versucht, den Rest des Wortes zu ergänzen. Manchmal versuchen die Kinder das Wort zu erraten, wenn sie es gar nicht entschlüsseln können. Insgesamt ist der Leseprozess extrem anstrengend für das Kind. Die Folge dieses verlangsamten und meist fehlerhaften Prozesses ist, dass das Kind den Satz und Text meist nicht oder nur unvollständig versteht und die Motivation am Lesen verliert.

Erste Anzeichen können aber auch Kopf- und Bauchschmerzen des Kindes am Morgen eines Schultages sein, die besonders dann auftreten, wenn das Fach Deutsch auf dem Stundenplan steht. Diese Symptome sind meist nicht Folge einer Magen-Darmerkrankung oder einer kindlichen Migräne, sondern unspezifische Zeichen einer Überforderung, der das Kind (unbewusst) ausweichen will.

3.1 Hintergrund

Zeichen einer Lesestörung zu erkennen setzt voraus, dass die unbeeinträchtigte Leseentwicklung bekannt ist. Diese verläuft in Entwicklungsstufen und ist abhängig von der Unterrichtung, den individuellen Ressourcen und Fähigkeiten des Kindes und der Unterstützung beim Lernen. Das Lesenlernen beginnt bereits mit der Entwicklung der Vorläuferfertigkeiten (▶ Tab. 3.1). Hierzu gehören die sprachlichen Fertigkeiten, wie z. B. Laute unterscheiden, Laute verbinden, Laute aus dem Gedächtnis abrufen (▶ Tab. 3.1). Sind diese Fertigkeiten zur Einschulung nicht vorhanden, ist der Prozess des Lesenlernens meist erschwert. Denn dieser setzt die richtige Zuordnung des Buchstabens zum Laut voraus. Dazu erlernen die Kinder die einzelnen Buchstaben und müssen diese unterscheiden können. Entscheidend für den erfolgreichen Leseprozess ist aber die Zuordnung des Buchstabens zu seiner lautlichen Entsprechung. Und dies ist nicht immer einfach. Schwierig wird es, wenn mehrere Buchstaben zusammen eine lautliche Entsprechung haben, z. B. die Buchstabenfolge *sch* wird nur mit einem Laut /sch/ ausgesprochen. Da also mehr als ein Buchstabe einem Laut zugeordnet werden kann, spricht man von der Graphem-Phonem-Zuordnung. Der Begriff Graphem steht für einen oder mehrere Buchstaben. Auch bei den Lauten, die auch Phone genannt werden, ist es wichtig zu unterscheiden, ob die unterschiedlich klingenden Laute (z. B. verschiedene Laute des [a]) zu einem Bedeutungsunterschied führen. Dies sei an den folgenden Beispielen verdeutlicht: der Laut /r/ wird als Zungenspitzen-r und als Zäpfchen-r artikuliert, führt aber nicht zu einem Bedeutungsunterschied. Man spricht von zwei verschiedenen Lauten (Phone). Bei dem Beispiel »lahm« – »Lamm« handelt es sich auch um zwei verschiedene Laute des /a/ (kurz und lang gesprochen), diese haben aber einen Bedeutungsunterschied zur Folge, daher werden sie Phoneme genannt.

Erste Anzeichen für eine Lesestörung können daher schon ausgeprägte Probleme bei der Zuordnung von Graphem zu Phonem in der ersten Klasse sein. Ein weiteres Anzeichen ist die Schwierigkeit, Laute zu einem Wort zu verbinden. Ist dieser Prozess beeinträchtigt, gelingt es zwar einzelne Laute (wie z. B. [a]) oder Lautverbindungen (wie z. B. den Anlaut [ba]) auszusprechen, aber die Verbindung mit den nächsten Lauten, wie z. B. bei dem Wort

Tab. 3.1: Sprachliche Vorläuferfertigkeiten und Beispielaufgaben zur Überprüfung

Vorläuferfertigkeiten	Beispielaufgaben
Silben zählen	Wie viele Silben hat das Wort »Kissenschlacht«?
Reime erkennen	Reimen sich »Mutter« und »Butter«?
Laute isolieren	Welches ist der erste Laut im Wort »Garten«?
Laute benennen	Aus welchen Lauten besteht »Mama«?
Laute zählen	Wie viele Laute hörst du in »Stern«?
Laute verbinden	Welches Wort ist das: /l/a/m/p/e/?

Bagger, gelingt nicht. Das Auslassen einzelner Laute kann ebenfalls ein Zeichen für eine Lesestörung sein, wie z. B. bei Rutsche (fälschlicherweise als Rute gelesen).

Neben dem Prozess des Zuordnens von Graphem zu Phonem und der Verbindung der Phoneme zu einem Wort können Kinder durch ihre Erfahrungen mit dem Sehen und Lesen von Texten einen Wortspeicher aufbauen, in dem häufig vorkommende Buchstabenkombinationen und Wörter bzw. Wortteile abgespeichert werden. Wie umfangreich das gespeicherte Wortmaterial ist und wie schnell der Abruf des gespeicherten Wissens aus dem Gedächtnis erfolgt, hängt unter anderem von dem Umfang und der Dauer des Lesens von Wortmaterial ab. Bei Kindern mit einer Lesestörung ist dieser Wortspeicher jedoch nicht so gut ausgebildet, bedingt durch die geringe Leseerfahrung und möglicherweise auch durch anlagebedingte Faktoren. Beim Lesen fällt daher auf, dass die Kinder selbst häufig präsentierte Wörter (wie z. B. »und, oder, der, die, das«) nicht richtig lesen bzw. ein- und dasselbe Wort in einem Text unterschiedlich falsch lesen.

Weitere Anzeichen einer Lesestörung sind abnehmendes Interesse und Spaß am Lesen. Auch im Alltag vermeiden die Kinder, Dinge zu lesen und fragen eher nach, was auf dem Schild, der Verpackung oder in der WhatsApp-Nachricht steht.

Da die fehlende Lesepraxis verbunden mit geringer werdender Motivation zum Lesen und geringem schulischen Fortschritt im Lesen zusammen sich nachteilig auf die gesamte Leseentwicklung auswirken, entwickeln manche Kinder, wenn diese Problematik nicht erkannt und nicht gegengesteuert wird, psychische Symptome. Die häufigsten sind Ängste, spezifisch vor dem Fach Deutsch und den Leistungsanforderungen in diesem Fach. Diese Ängste drücken sich in morgendlichen Beschwerden, wie starke Kopfschmerzen oder akute Bauchschmerzen aus, wie das nachfolgende Fallbeispiel beschreibt.

3.2 Fallbeispiel

Martin ist in der zweiten Klasse. Er ist der älteste von drei Kindern, sein Vater hatte als Kind eine ausgeprägte Lesestörung, Martin selbst war bisher in der Schule wegen Leistungsproblemen nicht aufgefallen. Die Eltern berichten, dass Martin eines morgens über so starke Bauchschmerzen klagte, dass er erst gar nicht aufstehen konnte. Aufgrund der starken Beschwerden fahren die Eltern mit Martin zum Kinderarzt, der Martin gründlich untersucht. Der Verdacht, dass es eine Blinddarmentzündung sein könnte, bestätigte sich nicht. Mit einer Schmerztablette und dem Rat, falls es wieder auftreten sollte, Martin nochmals vorzustellen, kehren die Eltern mit Martin heim. An den darauffolgenden Tagen ging Martin wieder zur Schule, Bauchschmerzen traten nicht wieder auf. Eine Woche später, am selben Wochentag, traten wieder die Bauchschmerzen auf und Martin wurde erneut gründlich vom Kinderarzt untersucht. Dies wiederholte sich fünfmal, bis die Eltern einen Anruf von der Klassenleitung bekam, die auch Deutschlehrerin ist, die berichtete, dass Martin immer an dem Tag, an dem er eine Doppelstunde Deutsch habe, nicht in die Schule kommt. Er hätte auch kürzlich einen Test deswegen verpasst. In dem darauffolgenden Gespräch mit der Klassenlehrerin berichten die Eltern, dass Martin in den letzten Wochen zusätzlich zu den Bauchschmerzen auch kaum Lust gehabt habe, die Hausaufgaben zu machen. Diese würde zum Teil mehrere Stunden dauern. Die Deutschlehrerin berichtet, dass ihr aufgefallen sei, dass

Martin sich mit dem Lesen schwertue. Wenn sie ihn auffordere, einen Satz aus der Fibel laut vorzulesen, würde er sehr erschreckt reagieren, manchmal einen roten Kopf bekommen und nur sehr holprig vorlesen. Sie hätte bisher gedacht, dass sich dies schon legen und Martin sich mit der Zeit auch verbessern würde, denn in den anderen schulischen Bereichen sei er sehr gut. Sie empfiehlt Martin und seinen Eltern, eine Untersuchung durchzuführen, ob vielleicht eine Lesestörung vorliege oder um zu klären, ob es andere Ursachen für die Leseprobleme gäbe.

3.3 Praxistipps

Liegen Anzeichen für eine Lesestörung vor, sollte mit einer Diagnostik (▶ Kap. 7) nicht gewartet werden. Das Ziel der Diagnostik ist, herauszuarbeiten, ob es sich nur um vorübergehende Schwierigkeiten beim Lesen handelt oder eine Lesestörung vorliegt. Außerdem können die Ergebnisse der Diagnostik die Basis für wichtige Empfehlungen zur Förderung beim Lesen darstellen.

Stehen körperliche Symptome im Vordergrund, wie Bauch- und Kopfschmerzen, ist nach einer gründlichen Untersuchung beim Facharzt für Kinder- und Jugendmedizin, bei der möglicherweise keine organischen Ursachen festgestellt werden, die kinder- und jugendpsychiatrische Untersuchung notwendig.

Bestätigen die Anzeichen das Vorliegen einer Lesestörung, sollte zeitnah das Kind entsprechend seiner Probleme im Lesen gefördert werden (▶ Kap. 12).

4 Lesestörung bei Erwachsenen

Oft besteht die Lesestörung bis ins Erwachsenenalter. Im Vordergrund stehen nicht die Lesefehler, sondern die langsame Lesegeschwindigkeit. Sind allerdings die Wörter aufgrund ihrer Länge oder weil sie selten sind, wie z. B. Fremdwörter, schwer zu lesen, stellen sie für die Betroffenen eine große Hürde da. Die stark beeinträchtigte Lesegeschwindigkeit wirkt sich beim Lesen von längeren Texten besonders stark aus. So bereiten Fachtexte, die im Beruf oder in der Ausbildung gelesen werden müssen, große Probleme, weil der Inhalt des Gelesenen meist durch die hohe Lesezeit nur unvollständig entnommen werden kann. Können einzelne Sätze nur mit großer Mühe und Zeit entschlüsselt werden, so verlieren die Lesenden den Gesamtzusammenhang des Textes und beginnen oft wieder mit dem Anfang des Textes. Eine Erschwernis sind kleingedruckte Texte mit geringerem Wort- und Zeilenabstand. Auch schlecht strukturierte Texte, die kaum Absätze und Paragrafen haben, sind für Menschen mit einer Lesestörung eine unnötige Herausforderung. Die Leseprobleme zeigen sich im Alltag häufig, wenn unter hohem Zeitdruck Sätze und Texte gelesen werden müssen.

4.1 Hintergrund

Aufgrund der neurobiologischen Basis der Lesestörung sind basale Prozesse im Gehirn verändert, die für die geschwindigkeitsabhängige Verarbeitung von Buchstaben und Lauten, den Zugriff auf ein Wortgedächtnis sowie den Abruf dieses Wissens bedeutsam sind. Im Rahmen der spezifischen

Förderung werden diese Prozesse zwar trainiert und die Geschwindigkeit verbessert sich auch, trotzdem handelt es sich um einen Kompensationsprozess. Dies bedeutet, dass der Leseprozess im Erwachsenenalter verlangsamt und auch fehleranfällig ist. Im Rahmen der Behandlung der Lesestörung entwickeln Jugendliche zusätzliche Strategien, mit der Lesestörung zu leben und diesen Aspekt in ihr Leben zu integrieren. Denn nicht nur das Ergebnis der Schulabschlussprüfung kann durch die Lesestörung stark beeinflusst werden, sondern auch die Entscheidung über die an den Schulabschluss sich anschließende Aus- und Weiterbildung. Da die Lesestörung von vielen Betroffenen noch immer als ein Stigma erlebt wird und sie nicht offen über ihre Erkrankung sprechen wollen und können, entstehen im Alltag immer wieder schwierige Situationen, wie das nachfolgende Fallbeispiel verdeutlicht.

4.2 Fallbeispiel

Sebastian Meier studiert BWL und leidet seit der Grundschulzeit an einer Lesestörung. Trotz außerschulischer Förderung hat er erhebliche Probleme, Texte zu verstehen, da er sehr viel Zeit braucht, einzelne Sätze zu entschlüsseln. Manche Wörter sind besonders schwer, was dazu führt, dass er für diese Wörter besonders viel Zeit braucht. Ist es ihm gelungen, diese Wörter zu lesen, fehlt ihm, insbesondere bei langen Sätzen, der Inhalt des bereits Gelesenen. Dies führt nicht selten dazu, dass er entmutigt aufgibt und versucht, den Inhalt auf anderen Wegen zu bekommen. Im Alltag kommt er aber immer wieder in schwierige Situationen, wenn er z. B. unter Zeitdruck etwas lesen muss. So passiert es ihm immer wieder, dass er sich bei Straßennamen verliest und dann viel länger zum Ziel braucht. Auch im Studienseminar hat er häufig Angst vor Situationen, in denen in recht kurzer Zeit ein Text gelesen und dann darüber referiert werden muss. Er hat manchmal fast panische Angst davor, aufgerufen zu werden. Dies erinnert ihn oft an seine Schulzeit, wo er auch immer Angst vor solchen Situationen hatte.

4.3 Praxistipps

Es gibt eine Reihe von Strategien, die helfen können, mit den Leseanforderungen im Alltag und im Beruf umzugehen. Generell stellt sich oft die Frage, ob eine Förderung im Erwachsenenalter sinnvoll ist. Liegt eine ausgeprägte Lesestörung vor, ist die Frage klar mit ja zu beantworten, da auch im Erwachsenenalter eine Leseförderung hilfreich sein kann. Die Förderangebote sind jedoch meist nicht spezifisch für Erwachsene mit einer Lesestörung, sondern beruhen auf Konzepten, die für Kinder und Jugendliche entwickelt wurden. Diese sind auch für Erwachsene geeignet, meist ist allerdings der Inhalt sehr kinderspezifisch und der Wortschatz nicht für das Erwachsenenalter ausreichend. Erwachsenenbildungsstätten bieten teilweise Alphabetisierungskurse an, um Erwachsenen zu helfen, die entweder aufgrund fehlender Sprachkenntnisse oder aufgrund geringer Schriftsprachkompetenzen, bedingt durch psychosoziale Probleme in der früheren Entwicklung, geringere Lesefertigkeiten haben. Diese Kurse sind meist für Erwachsene mit einer Lesestörung nicht geeignet, da der Förderansatz nicht spezifisch auf ihren Förderbedarf ausgerichtet ist. Trotzdem sollte man sich bei der lokalen Volkshochschule oder anderen lokalen Bildungsträgern erkundigen, ob es Förderangebote für Erwachsene mit einer Lesestörung gibt. Hilfreich ist auch der Kontakt zu dem jeweiligen Landesverband des Bundesverbandes Legasthenie und Dyskalkulie e. V., der zusätzlich zur Beratung auch Informationen zu lokalen Angeboten für die Diagnostik und Förderung geben kann. Im Bundesverband gibt es eine Interessengruppe von jungen Erwachsenen mit einer LRS (JA – Die Jungen Aktiven) (▶ Kap. 17), die ebenfalls Informationen bereitstellt und berät.

Liegen aufgrund der LRS und damit verbunden eine psychische Erkrankung vor, wie z. B. eine Prüfungsangst, ist eine psychotherapeutische Behandlung sehr hilfreich. Dazu muss vorher eine Diagnostik zur Frage durchgeführt werden, ob und welche psychische Erkrankung vorliegt und ob eine Empfehlung zur psychotherapeutischen Behandlung gegeben werden kann. Die Diagnostik wird von Fachärzten für Psychiatrie und Psychotherapie, von Fachärzten für Psychosomatische Medizin und Psychotherapie und bei Heranwachsenden, die bereits zuvor in der Kinder- und Jugendpsychiatrie vorgestellt wurden, von Fachärzten für Kinder- und

4.3 Praxistipps

Jugendpsychiatrie und -psychotherapie angeboten. Die Behandlungskosten für die psychotherapeutische Behandlung werden von den gesetzlichen und privaten Krankenkassen gemäß dem individuellen Vertrag erstattet.

Die Gewährung von Nachteilsausgleich ist auch bei Erwachsenen in Prüfungen möglich, dies setzt meist ein fachärztliches Attest voraus. Die Entscheidung, ob der Nachteilsausgleich gewährt wird, hängt von den jeweiligen Ausbildungsstätten ab. In jedem Fall sollte man sich mit der Vertretung der Menschen mit einer Behinderung in Verbindung setzten und prüfen, welche Erfahrungen bisher dazu in der Institution mit der Gewährung von Nachteilsausgleich bestehen und wie die gesetzlichen Regelungen sind. Leider ist es manchmal notwendig, sein Recht auf Nachteilsausgleich einzuklagen.

5 Woran erkenne ich eine Rechtschreibstörung?

Eine Rechtschreibstörung sollte erst ab Mitte der zweiten Klasse diagnostiziert werden, jedoch lassen sich bereits in der ersten Klasse Hinweise für eine Rechtschreibstörung finden. Diese Anzeichen erlauben, frühzeitig den Bedarf an spezifischen Hilfen und Unterstützung zu erkennen und diese zur Verfügung zu stellen.

Anzeichen für eine Rechtschreibstörung in der ersten Klasse sind z. B. anhaltende Probleme, Laute zu unterscheiden (▶ Kap. 2) und den Lauten die entsprechenden Grapheme zu zuordnen (z. B. dem Laut /b/ in Ball das Graphem B). Meist gibt es schon Hinweise aus dem Kindergarten, dass Probleme beim Finden von Reimwörtern und Erkennen von Silben bestanden. Insbesondere die fehlende Kenntnis von Buchstaben ist häufig bei Kindern mit einem Risiko für eine Rechtschreibstörung.

Die Rechtschreibstörung tritt ebenso wie die Lesestörung gehäuft familiär auf. Sind ein Elternteil und/oder ein Geschwister von einer Rechtschreibstörung betroffen, so liegt das Risiko für das weitere Kind bei ca. 50–70 % für eine Rechtschreibstörung, wie Zwillingsstudien zeigen.

Beim Schreiben fällt auf, dass die Kinder zum Teil nur einzelne Grapheme und unvollständige Wörter schreiben. Meist stimmt auch die lautliche Entsprechung des Graphems nicht (z. B. das Graphem <d> wird anstatt <t> (Tor**d**e) bei dem Wort Torte geschrieben. Oder oft als Wortruine bezeichnete Verschriftlichung von Wörtern, wie z. B. kaszimr für Klassenzimmer, treten auf.

Mit dem Fortbestehen der Rechtschreibprobleme nimmt die Motivation und das Interesse am Schreiben ab. Bei schriftlichen Äußerungen und Textproduktion schreiben die Kinder mit einer Rechtschreibstörung meist weniger, verwenden meist einfache Satzkonstruktionen und haben viele Rechtschreibfehler.

Typische Rechtschreibfehler, die diagnostisch auf eine Rechtschreibstörung hinweisen, gibt es allerdings nicht.

5.1 Hintergrund

Die Rechtschreibfähigkeit entwickelt sich ebenso wie das Lesen in Phasen. Steht zu Beginn des ungestörten Rechtschreibprozesses der systematische Erwerb der Zuordnung der Phoneme zu den Graphemen, erwerben die Kinder in der nächsten Phase Wissen über orthografische Regelmäßigkeiten. Diese Regelmäßigkeiten finden sich z. B. im Wortstamm, der auch Morphem genannt wird. Ein paar Beispiele sollen dies verdeutlichen. Zunächst Beispiele für orthografische Regelmäßigkeiten.

Hierzu gehören das Wissen über häufige (dd) und seltene (vv) Buchstabenkombinationen sowie das Wissen über häufige Positionen von Buchstabenkombinationen (mm in der Wortmitte) im Vergleich zu seltenen Positionen in einem Wort (ff am Wortanfang). Dieses Wissen ist den Kindern meist nicht bewusst, sie erwerben es durch den Kontakt mit dem Schriftsprachmaterial, sei es durch eigenes Lesen oder auch durch gemeinsames Lesen und Vorlesen von Texten. Verständlicherweise ist dieses Wissen sprachspezifisch. Ein Beispiel aus dem Englischen verdeutlicht es: die Buchstabenkombination <ght>, wie in dem englischen Wort ni*ght*, ist sehr häufig, hingegen kommt diese Kombination im Deutschen nicht vor.

Ein Beispiel für ein Morphem, einem sogenannten Stammmorphem, das die Eigenschaft hat, immer gleich geschrieben zu werden, ist <berg>. Abgeleitete Wörter und Wörter mit diesem Wortstamm haben im Wortstamm die gleiche Schreibweise, wie z. B. *berg*auf, Eis*berg*, behe*rberg*en, *Berg*werk. Dieses Wissen wird im Gegensatz zu dem Häufigkeitswissen von Buchstabenkombination nicht selten bewusst erworben und ist auch Gegenstand von Förderkonzepten bei der Rechtschreibförderung.

Kinder mit einer Rechtschreibstörung, so zeigen erste Studien, haben ein geringeres Häufigkeitswissen von Buchstaben und auch ein geringeres Wissen über Morpheme. Neben diesem orthografischen und morphematischen Wissen ist auch das Wissen über Rechtschreibregeln wichtig, um bei Unsicherheiten in der Rechtschreibung Lösungen zu finden. Auch wenn Regeln, wie beispielweise die Regel »nach einem kurz gesprochenen Selbstlaut (Vokal) folgen immer zwei Mitlaute« (z. B. in Mutter, kurz gesprochenen Vokal /u/, folgende Mitlautkombination <tt>) nicht immer zutrifft, helfen Rechtschreibregeln Kindern mit Rechtschreibproblemen, mit dieser Strategie Wörter richtig zu schreiben.

Seit vielen Jahren wird versucht, anhand der Art der Rechtschreibfehler eine Rechtschreibstörung festzustellen. Eine Annahme hierzu ist, dass z. B. die Vertauschung der Buchstaben b und p, oder g und d aufgrund einer visuellen Diskriminationsschwäche zustande käme und es daher eine visuelle Form der Rechtschreibstörung gäbe. Diese Annahme und weitere zu vermeintlich spezifischen Fehlertypen haben sich nicht bestätigt. Daher ist die qualitative Bewertung von Rechtschreibfehler zur Feststellung einer Rechtschreibstörung nicht geeignet.

5.2 Fallbeispiel

Sebastian ist in der ersten Klasse und hat von Beginn an Schwierigkeiten, die Buchstaben zu unterscheiden und einfache Silben von der Tafel abzuschreiben. Da er auch unruhig ist, seine Konzentrationsspanne gering und er leicht ablenkbar ist, werden diese Schreibschwierigkeiten auf seine Unruhe zurückgeführt. Ab Mitte der ersten Klasse, als ganze Wörter wiederholt und erste Sätze erstmals geschrieben werden, fällt auf, dass Sebastian, obwohl er die Wörter richtig erlesen kann, diese mit vielen Fehlern schreibt. Trotz wiederholtem Abschreiben von Wörtern, eine Übungsempfehlung der Lehrkraft, gelingt es ihm nicht, selbst häufige Wörter richtig zu schreiben. Bei den Fehlern fällt auf, dass Wörter lautgetreu, wie z. B. das Wort farrat, geschrieben werden. Da die Rechtschreibschwierigkeiten bis zum Ende der ersten Klasse bestehen bleiben und Sebastian zunehmend frustriert und verzweifelt ist, da er trotz des vielen Übens mit dem Schreiben nicht zurechtkommt, entscheiden die Eltern, Sebastian untersuchen zu lassen. Die Klassenlehrerin empfiehlt die Schulpsychologin, oder wenn aus zeitlichen Gründen die Schulpsychologin nicht zur Verfügung stehe, dann die niedergelassene Kinder- und Jugendpsychiaterin um die Diagnostik zu bitten.

5.3 Praxistipps

Liegen Risikofaktoren für eine Rechtschreibstörung vor, z. B. wegen einer familiären Häufung, oder aufgrund von Sprachproblemen (im Kindergarten andauernde Probleme z. B. bei der Lautunterscheidung), sollte die Rechtschreibentwicklung des Kindes genau betrachtet werden. Liegen schon Schwierigkeiten bei der Buchstabenunterscheidung und der Kenntnis einzelner Buchstaben vor, sollte mit der Förderung nicht gewartet werden, bis die Störung so ausgeprägt ist, dass die Diagnose Rechtschreibstörung gestellt wird (▶ Kap. 9). Förderung ist bereits in der ersten Klasse sinnvoll (▶ Kap. 12), denn sie kann helfen, dass die Kinder beim Rechtschreiblernen nicht kontinuierlich frustriert werden. Der Verlust der Schreibmotivation ist ein wichtiger Grund, warum manche Kinder kaum Schreiberfahrungen haben, die wiederum für die Rechtschreibentwicklung fehlt.

5.4 Rechtschreibstörung bei Erwachsenen

Jugendliche mit einer Rechtschreibstörung leiden auch oft noch als Erwachsene unter den Rechtschreibproblemen und ihren Folgen. Hierzu gehört die Angst, etwas falsch zu schreiben oder sich nicht angemessen schriftlich auszudrücken. Belastende Situationen entstehen im Alltag, z. B.

bei Behördengängen, bei denen unter Aufsicht ein Formular ausgefüllt werden muss. Ein anderes Beispiel ist die Berufsausbildung oder Studium. Sowohl in der Berufsschule als auch im Seminar im Studium löst bereits der Gedanke daran, man könnte aufgefordert werden, etwas an die Flipchart oder Tafel zu schreiben, große Angst aus. Im Beruf schildern Betroffene oft belastende Situationen verbunden mit Schreibaufforderungen, denen sie nicht ausweichen können, z. B. in der Firma beim Schreiben von Auftragslisten oder das Protokollieren von Gesprächsverläufen. Aufgrund der oft bestehenden Angst vor solchen Situationen entwickeln manche Betroffene vermeidendes Verhalten, sind an Tagen krank, an denen sie befürchten, dass sie in unangenehme Schreibsituationen kommen könnten.

Konflikte entstehen auch in der Partnerschaft, wenn nicht offen über die eigenen Rechtschreibprobleme gesprochen werden kann, sei es aus Scham oder der Befürchtung, als dumm abgelehnt zu werden. Denn vielfach wird in der Gesellschaft ein schlechtes Rechtschreibniveau noch mit mangelnder Begabung gleichgesetzt (▶ Kap. 14.6).

6 Psychische Belastungen bei einer Lese- und/oder Rechtschreibstörung

Psychische Belastungen sind bei Kindern und Jugendlichen mit einer Lese- und/oder Rechtschreibstörung häufig. Sie treten meist infolge einer LRS auf. Das Erleben einer LRS, die Reaktion des schulischen Umfeldes darauf lösen bei länger bestehenden Lernproblemen häufig psychische Probleme aus. Individuell sind die Ursachen für psychische Erkrankungen bei der LRS aber unterschiedlich. Zu den häufigen psychischen Problemen gehören Ängste, die sich auf die Schule beziehen. Selbstwertzweifel, das Gefühl zu versagen und andere Menschen, insbesondere die Eltern, zu enttäuschen, gehören ebenfalls dazu. Mit diesen belastenden Gedanken und Gefühlen gehen häufig körperliche Symptome einher, z. B. starkes Schwitzen, Erröten und Herzrasen in Angstsituationen, oder Appetit- und Schlafstörungen bei einer Depression. Es gibt aber auch psychische Erkrankungen, die entstehen bereits vor der LRS. Hierzu gehört die Hyperkinetische Störung oder die Aufmerksamkeitsdefizit-Hyperaktivitätsstörung (ADHS, ▶ Kap. 6.3). Der Begriff ADHS ist weit verbreitet, aber viele sprechen nur von einer Aufmerksamkeitsstörung. Bei diesen Verhaltensstörungen treten die Probleme meist im Kindergartenalter auf und bestehen bis ins Erwachsenenalter. Wichtig ist, die psychischen Belastungen und Erkrankungen frühzeitig zu erkennen und mit in das Förder- und Behandlungskonzept der LRS zu integrieren.

6.1 Angststörung/Schulangst

Es gibt viele Ängste bei Kindern, die ganz normal in der Entwicklung auftreten, z. B. die Dunkelangst bei Vorschulkinder oder die Angst vor Trennung bei Kleinkindern. Doch dann gibt es Ängste, die sollten nicht auftreten, wie z. B. Ängste davor, in der Schule zu versagen. Bei Kindern mit einer Lese- und/oder Rechtschreibstörung sind Ängste sehr häufig, wobei nicht alle Kinder eine behandlungsbedürftige Angststörung haben. Behandlungsbedürftigkeit meint, dass die Ängste so stark sind, dass sie das Denken und Handeln des Kindes dominieren. Es gelingt nicht mehr, ohne Angst an die Schule oder spezifisch an den Deutschunterricht zu denken. Bereits die Vorstellung, im Deutschunterricht aufgefordert zu werden, etwas laut vorzulesen oder zu schreiben, löst große Angst aus.

Meist gehen diese Ängste mit körperlichen Zeichen einher, starkem Schwitzen, Erröten im Gesicht, innere Unruhe und Weinen. Die Ängste, wenn sie denn nicht behandelt werden, können so stark werden, dass sie die meiste Zeit des Tages das Leben des Kindes bestimmen.

Die Folge davon kann eine Vermeidung der Schule sein, die nicht nur einzelne Tage, sondern mehrere Wochen bis Monate andauern kann. Um eine solche Entwicklung möglichst zu vermeiden, müssen die Ängste der Kinder sehr ernst genommen werden. Da ängstliche Kinder oft ihre Probleme nicht berichten, sollte bei Schwierigkeiten im Lesen und Rechtschreiben, insbesondere, wenn sie länger anhalten, nach psychischen Belastungen, insbesondere nach Ängsten des Kindes gefragt werden. Eine diagnostische Klärung, ob eine Angststörung vorliegt, sollte durchgeführt werden, wenn die Ängste nicht nur einmalig, sondern über einen längeren Zeitraum regelmäßig auftreten und den Schul(-alltag) des Kindes beeinflussen. Außerdem sollte genau überprüft werden, ob es andere Gründe für die Ängste gibt, die nicht im Zusammenhang mit dem Erlernen der Schriftsprache stehen.

6.2 Traurige Stimmung, Depression

Anhaltende traurige Stimmung, quälende Zweifel an sich selbst und an der eigenen Leistungsfähigkeit, Ängste vor der Zukunft treten meist erst nach einem längeren Erleben von ausgeprägten und andauernden Problemen im Schriftspracherwerbsprozess auf.

Oft berichten Eltern, dass ihr Kind motiviert und ohne Angst eingeschult wurde. Die Freude auf die Schule sei groß gewesen, eine traurige Stimmung oder Ängste, in der Schule nicht zurecht zu kommen oder zu versagen, haben nicht vorgelegen. Nach den ersten Schuljahren, in denen das Kind zunehmend häufiger erlebt, dass es im Lesen und/oder Rechtschreiben große Probleme hat und diese sich nicht verändern, z. B. trotz intensiven Lernens, kann es zu einer depressiven Entwicklung kommen. Diese drückt sich darin aus, dass die Kinder an Wochentagen morgens schlecht aufstehen können, dass sie missmutig sind und manchmal morgens keinen Appetit haben. Nach der Schule kommen sie traurig nach Hause zurück und ziehen sich meist auf ihr Zimmer zurück. Wenn sie von ihren Eltern angesprochen werden, weichen sie aus und schildern, dass sie müde sind und erstmal Schlaf bräuchten.

Diese Verhaltensweisen entwickeln die Kinder erst mit der Zeit, meist als Reaktion auf das wiederholte Erleben des Scheiterns und der fehlenden Fortschritte im Lesen und Schreiben. Unterstützend für diese depressive Entwicklung sind nicht selten die Reaktionen von Mitschülern, die sich lustig machen und zum Teil sticheln, z. B. in der Form: »Du kannst ja gar nicht richtig schreiben!« Oder »Wie liest du denn vor, bist du zu dumm dazu?«.

Wird die Problematik im Lesen und Rechtschreiben zu spät erkannt und fehlt die angemessene Unterstützung und Förderung durch die Lehrkraft, nimmt die psychische Belastung oft zu und die Leistungsschere zwischen dem Kind mit der LRS und der Klasse wird immer größer. Dies verstärkt zusätzlich die emotionalen Probleme in Form von Ängsten und depressiver Stimmung. Diesen Zusammenhang beobachtet man, zumindest zu Beginn der Problematik, nicht an den Wochenenden und in den Schulferien. Befreit von den belastenden Erfahrungen im Deutschunterricht sind die Kinder wieder fröhlicher, haben wieder Spaß an Aktivitäten und sind auch morgens wieder motiviert aufzustehen.

Diese Beispiele beschreiben den Zusammenhang zwischen der Lernstörung und der Entwicklung einer depressiven Reaktion und von schulspezifischen Ängsten. Davon abzugrenzen sind aber Entwicklungsverläufe, bei denen das Kind bereits vorschulisch eine depressive Phase oder Ängste hatte. Diese psychischen Belastungen sind nicht durch das Erleben von schulischen Misserfolgen ausgelöst, auch wenn in der weiteren Entwicklung belastende Erlebnisse in der Schule, ohne dass Hilfe und Unterstützung vorliegen, eine neue depressive Phase oder spezifische Ängste auslösen können. Bei mehr als die Hälfte der Kinder mit einer Lese- und/oder Rechtschreibstörung liegt aber keine depressive Erkrankung oder eine Angststörung vor.

6.3 ADHS, Hyperaktivität, Aufmerksamkeitsprobleme

Aufmerksamkeitsprobleme haben viele Kinder, ob diese als Folge einer LRS oder unabhängig davon auftreten, ist im Einzelfall nicht leicht zu entscheiden. Und es wird noch komplexer. Viele Eltern oder Lehrkräfte sprechen von einer ADHS, einer Aufmerksamkeitsdefizit-Hyperaktivitätsstörung, eine Störung bestehend aus Aufmerksamkeitsstörung, erhöhter Impulsivität und Hyperaktivität, meinen aber die ausgeprägten Aufmerksamkeitsprobleme des Kindes ohne Hyperaktivität und Impulsivität. Um hier Klarheit zu verschaffen, werden nachfolgend die einzelnen Symptombereiche in einer Tabelle (▶ Tab. 6.1) zusammengefasst, die zu einer ADHS gehören. Darin enthalten sind auch die Symptome einer Aufmerksamkeitsstörung.

Die Abgrenzung einer Aufmerksamkeitsstörung von einer ADHS basiert darauf, dass zur Diagnosestellung einer ADHS Probleme in mehr als einem Bereich (▶ Tab. 6.1) vorliegen müssen und in verschiedenen Lebenssituationen. Dies bedeutet z. B., dass Hyperaktivität, motorische Unruhe oder Impulsivität zuhause und in der Schule in Situationen auftreten, die Ruhe und Konzentration verlangen. Außerdem muss die Symptomatik

6.3 ADHS, Hyperaktivität, Aufmerksamkeitsprobleme

Tab. 6.1: Beschreibung der Auffälligkeiten der drei Symptombereiche einer ADHS: Aufmerksamkeitsstörung, Hyperaktivität und Impulsivität

Aufmerksamkeitsstörung	Impulsivität	Hyperaktivität
Kinder sind unaufmerksam gegenüber Details, beachten häufig Einzelheiten nicht;	Kinder platzen häufig mit der Antwort heraus, bevor die Frage zu Ende gestellt ist;	Kinder sind motorisch unruhig, bewegen häufig Hände und Füße, rutschen auf dem Sitz hin und her, stehen unaufgefordert auf, laufen in der Klasse hin und her, obwohl sie aufgefordert wurden, sitzen zu bleiben;
beenden angefangene Aufgaben nicht;	reden exzessiv, ohne angemessen auf soziale Beschränkungen zu reagieren;	haben Schwierigkeiten, ruhig zu spielen;
führen Anforderungen nur teilweise, meist nicht vollständig durch;	können nur schlecht warten, bis sie an der Reihe sind;	sind unangemessen laut beim Spielen oder haben Schwierigkeiten, sich ruhig mit Freizeitaktivitäten zu beschäftigen;
haben Schwierigkeiten, längere Zeit die Aufmerksamkeit bei Aufgaben aufrechtzuerhalten;	unterbrechen andere und stören andere häufig (platzen z. B. in Gespräche oder Spiele anderer hinein).	klettern exzessiv in Situationen, in denen dies unpassend ist;
scheinen häufig nicht zuzuhören, auch wenn sie angesprochen werden;	platzen häufig mit der Antwort heraus, bevor die Frage zu Ende gestellt ist;	reden häufig und übermäßig viel;
haben häufig Schwierigkeiten, Aufgaben und Aktivitäten zu organisieren;	erleben heftige Stimmungsschwankungen und eine allgemeine starke Reizbarkeit;	können oft das Risiko der motorischen Aktivitäten schlecht einschätzen;
verlieren häufig Gegenstände, die für Aufgaben benötigt werden.	haben häufiger Wutausbrüche bei geringfügigen Ursachen.	schlafen wenig.

Tab. 6.1: Beschreibung der Auffälligkeiten der drei Symptombereiche einer ADHS: Aufmerksamkeitsstörung, Hyperaktivität und Impulsivität
– Fortsetzung

Aufmerksamkeits- störung	Impulsivität	Hyperaktivität
lassen sich durch Reize leicht ablenken;		
haben Unwillen gegenüber oder vermeiden Aufgaben, die eine länger andauernde Aufmerksamkeit erfordern;		
sind unaufmerksam gegenüber Details, beachten häufig Einzelheiten nicht.		

bereits vor dem siebten Lebensjahr aufgetreten sein und länger als sechs Monate bestehen, bevor einer Aufmerksamkeitsdefizit-Hyperaktivitätsstörung diagnostiziert werden sollte. Im ICD-10 wird der Begriff Hyperkinetische Störung für diese Problematik verwendet.

Der Zusammenhang zwischen einer Aufmerksamkeitsstörung oder einer ADHS und der Lese- und/oder Rechtschreibstörung ist oft nicht eindeutig festzustellen. Es gibt zwei häufige Konstellationen. Die erste Konstellation ist folgende: bei einem Kind treten bereits im Kindergarten Probleme in den Bereichen Aufmerksamkeit, Impulsivität und motorische Aktivität auf, jedoch sind die Probleme nicht so ausgeprägt. Kommt dieses Kind in die Schule mit den deutlich gegenüber dem Kindergarten erhöhten Anforderungen an Aufmerksamkeit über einen längeren Zeitraum, konzentriertem Zuhören und an Stillsitzen, zeigen sich diese Probleme von Anfang an. Sie wirken sich vor allem auf die Lernentwicklung aus. Probleme beim Lernen zeigen sich aber nicht nur im Lesen- und Scheibenlernen, sondern in allen Lernbereichen, wie z. B. der Mathematik. Ein Grund hierfür ist, dass durch die kurze Aufmerksamkeitsspanne das Kind nicht alle Informationen aufnimmt. Bei diesem Fall liegt also zuerst die ADHS vor und dies wirkt sich negativ auch auf die Lese- und Rechtschreibentwicklung aus.

Bei der zweiten Fallkonstellation bestehen Aufmerksamkeitsprobleme und Probleme mit dem Verhalten in der Klasse bei der Einschulung und in den ersten Schulwochen noch nicht. Die Aufmerksamkeitsprobleme entwickeln sich erst mit Fortbestehen der ausgeprägten Lese- und Rechtschreibschwierigkeiten. Aufgrund des wiederholt und über einen längeren Zeitraum erlebten Lernversagens werden die Kinder unruhiger, können sich schlechter auf den Lerngegenstand konzentrieren, da sie meist daran denken, dass sie aufgerufen werden könnten oder dass sie etwas an die Tafel schreiben müssten. In diesem Fall wirkt es so, als ob das Kind unkonzentriert wäre, dabei ist es mit seinen Ängsten und seinen quälenden Gedanken über das eigene Versagen beschäftigt.

Abhängig davon, welche Form der Aufmerksamkeitsstörung vorliegt, sind auch die Hilfen und Behandlungsangebote unterschiedlich (▶ Kap. 13.3).

6.4 Kopf- und Bauchschmerzen vor der Schule

Kopf- und/oder Bauchschmerzen entwickeln manche Kinder mit einer Lese- und/oder Rechtschreibstörung im Rahmen einer Überforderungsreaktion. Diese entsteht aufgrund einer für sie als ausweglos erlebten Schulsituation. Bereits der Gedanke an eine Lese- oder Rechtschreibanforderung (Test, Probe) verbunden mit der gefühlten Gewissheit, diese Leistungsüberprüfung nicht zu schaffen und wieder eine schlechte Rückmeldung oder Note zu bekommen, können starke Bauch- und Kopfschmerzen auslösen. Dabei handelt es sich meist nicht um einen bewussten Prozess, der die Schulängste mit der Schmerzsymptomatik verbindet. Die Kinder leiden unter Darmkrämpfen oder berichten über migräneähnliche Kopfschmerzen, sodass die Eltern sehr besorgt sind und meist, da die Schmerzen morgens andauern, ihre Kinder beim Kinderarzt vorstellen. Die ärztliche Untersuchung ergibt meistens, dass es keine organische Ursache gibt, die diese Symptome erklären kann. Da Kinder mit einer LRS von ihren Ängsten vor der Schule häufig nicht berichten, vergeht einige Zeit, bis die psychischen Probleme erkannt werden. Dies ist eher ungünstig, daher sollte man die Lernentwicklung der Kinder immer gut beobachten und daran denken, dass sich hinter den nicht-organisch begründeten Kopf- und Bauchschmerzen auch die Folgen einer Lese- und/oder Rechtschreibstörung verbergen können.

7 Wie wird eine Lesestörung festgestellt?

Die Feststellung einer Lesestörung setzt einen umfangreichen diagnostischen Prozess voraus. Dieser ist notwendig, um nicht fälschlicherweise eine Diagnose zu stellen, die nicht zutrifft. Dies kann aber leicht passieren, wenn man nur einen Test durchführt, ohne die Gesamtentwicklung des Kindes und die verschiedenen Perspektiven der Lernentwicklung (aus Sicht des Kindes, der Eltern und der Lehrkraft) zu integrieren. Zusätzlich ist eine Abgrenzung von einer verzögerten Leseentwicklung sinnvoll und notwendig.

Im Vordergrund der Lesestörung steht eine verlangsamte Lesegeschwindigkeit, das fehlerhafte Lesen und das beeinträchtigte Leseverständnis. Für die Diagnostik ist es wichtig zu klären, ob die Augenfunktionen, insbesondere die Augenmotorik ungestört ist, um auszuschließen, dass aufgrund einer eingeschränkten Sehfähigkeit der Leseprozess gestört ist.

7.1 Hintergrund

Die Lesestörung gehört zu den Erkrankungen, die von der WHO zu den Entwicklungsstörungen gezählt wird. Kennzeichnend für die Entwicklungsstörungen sind ein früher Beginn, ein meist chronischer Verlauf, neurobiologische Ursachen, eine familiäre Häufung und eine Wechselwirkung zwischen Umgebungsfaktoren und dem Entwicklungsverlauf. Obwohl der Begriff Entwicklungsstörung nahelegen könnte, dass es sich um eine verzögerte Entwicklung handelt, die nachgeholt werden kann, ist davon auszugehen, dass es sich eher um einen chronischen Verlauf handelt mit andauernden Beeinträchtigungen durch die Erkrankung. Zu den Entwicklungsstörungen gehören die Sprachentwicklungsstörung, die motorische Entwicklungsstörung und die schulischen Entwicklungsstörungen, zu denen neben der Lese- und/oder Rechtschreibstörung die Rechenstörung zählt.

Die Problembereiche, die zur Lesestörung dazugehören und bei der Diagnostik untersucht werden sollten, werden in der Tabelle 7.1 zusammenfassend dargestellt.

Tab. 7.1: Problembereiche der Lesestörung mit Beispielen

Problembereiche	Beispiele von Schwierigkeiten
Schwierigkeiten beim »Zusammenlauten« zu Wörtern	[l] [a] [m] [p] [e] zu ape
Laute oder Namen der Buchstaben werden nacheinander benannt und nicht verbunden	/d/-/o/-/s/-/e/ statt [do:zə]
Aussprache des Wortanfangs, dann Raten des Wortrestes	Ein-*wort* (geratener Teil) anstatt Einwohner
Auslassen, Ersetzen oder Hinzufügen von Wortteilen	Auslassen: fagt anstatt fragt Ersetzen: Anfangslaut [b] Berg anstatt [w] Werk Hinzufügen: Fahrr/h/ad
Startschwierigkeiten beim Vorlesen, langes Zögern oder Verlieren der Zeile	Lange Dauer, bis der erste Laut des Wortes ausgesprochen wird, dann langes Zögern bis zum Artikulieren der folgenden Laute.
Sehr niedrige Lesegeschwindigkeit	Beim Lesen einzelner Wörter erheblich verlangsamte Lesegeschwindigkeit
Ersetzen von Wörtern durch ein in der Bedeutung ähnliches Wort	Beim Lesen eines Satzes Ersetzung des Wortes Schiff durch Boot.
Nicht sinnhaftes Betonen beim Vorlesen	Betonungsunterschiede zwischen den Silben werden nicht angewandt

7.1 Hintergrund

Tab. 7.1: Problembereiche der Lesestörung mit Beispielen – Fortsetzung

Problembereiche	Beispiele von Schwierigkeiten
Sinnhafte Wiedergabe von Gelesenem nicht möglich Schwierigkeiten des Erkennens von Zusammenhängen aus dem Gelesenen	Die Kinder geben nur Teile des Inhaltes eines Satzes wieder, meist das zuletzt Gelesene.

Zur Diagnostik einer Lesestörung gehören verschiedene Bereich, die in Abbildung 7.1 aufgeführt werden.

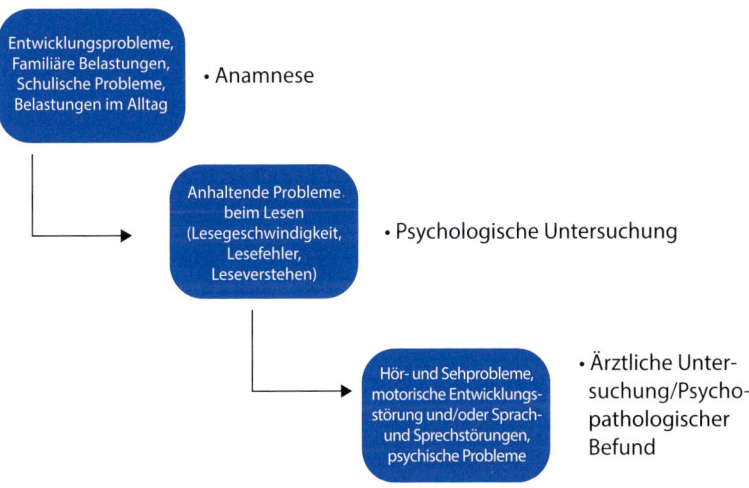

Abb. 7.1: Ablauf der klinischen Diagnostik

Eine Diagnostik sollte immer dann durchgeführt werden, wenn die Leseschwierigkeiten länger bestehen und sie das Kind in seiner schulischen Entwicklung beeinträchtigen. Ein genaues Zeitintervall, ab dem eine Diagnostik durchgeführt werden sollte, liegt nicht vor. Wenn aber länger als zwei Monate sehr deutliche Probleme in den Bereichen, die in der Tabelle 7.1 dargestellt sind, vorliegen, sollte eine Diagnostik erfolgen. Die Probleme im

7 Wie wird eine Lesestörung festgestellt?

Lesen zeigen sich allerdings entwicklungsabhängig. Dies bedeutet, ein Kind in der ersten Klasse, das über mehrere Monate erhebliche Probleme hat, Laute zu verbinden und Buchstaben mit den Lauten zu verbinden, sollte bereits untersucht werden, auch wenn in dieser Entwicklungsphase eine Lesestörung noch nicht diagnostiziert werden sollte.

Die Diagnostik erfolgt in inhaltlich unterschiedlichen Bereichen, die in Tabelle 7.2 dargestellt sind.

Tab. 7.2: Inhalte der diagnostischen Bereiche

Diagnostische Bereiche	Inhalte der Bereiche
Anamnese, schulische Unterlagen	Eigen- und Fremdanamnese, Schulbericht, Zeugnisse und Unterlagen über Proben (Tests) und Schulaufgaben (Klassenarbeiten)
Psychopathologischer Befund	Beurteilung von Affekt, Aufmerksamkeit, Gedächtnis, Denken und Wahrnehmung
Körperliche US + kinderneurologische US	Untersuchung der Augen- und Hörfunktionen, der Koordination, Motorik, Elektroenzephalogramm bei Verdacht auf ein Anfallsleiden
Psychologische Untersuchung	Standardisierte und aktuell normierte Verfahren zur Erfassung der Lese- und Rechtschreibleistung, zur Intelligenz. Fremd- und Selbstbeurteilungsbögen zur Stimmung, Angst, zur Aufmerksamkeit, Impulsivität und Hyperaktivität. Klinisches Interview zur Frage, ob eine psychische Erkrankung vorliegt.

Die Übersicht zeigt, dass eine interdisziplinäre Diagnostik aus den Bereichen der Medizin und Psychologie zu empfehlen ist. Wichtig ist, dass das Kind in seiner Gesamtentwicklung und Persönlichkeit betrachtet wird und die Diagnostik nicht ausschließlich auf der Durchführung eines Tests beruht. Der Grund hierfür ist, dass einzelne Bausteine der Diagnostik auch nur Einzelaspekte untersuchen. Zur Diagnosestellung ist es unbedingt notwendig, nicht nur einen Bereich zu untersuchen, da sonst die Gefahr der Fehleinschätzung und einer nichtzutreffenden Diagnose recht hoch ist, sondern eine ganzheitliche Untersuchung durchzuführen.

Die in Tabelle 7.3 dargestellten diagnostischen Bausteine führen schließlich zu einer sogenannten multiaxialen Diagnostik. Multiaxial bedeutet, dass sechs Achsen, die für jeweils einen diagnostischen Bereich stehen, untersucht und beschrieben werden. Basis ist das ICD-10, das um die Achsen 2–6 erweitert wurde, um die Belastungen des Kindes möglichst vollständig abzubilden. Die Achsen 5 und 6 sind auch für die Diagnostik im Rahmen der Begutachtung für die Frage, ob eine Teilhabebeeinträchtigung (▶ Kap. 15.4) vorliegt, sehr wichtig.

Tab. 7.3: Die sechs Achsen des multiaxialen Klassifikationsschemas psychischer Störungen des Kindes- und Jugendalters (nach Remschmidt et al. 2017)

Achsennummer	Inhalt der Achsen	Beispiele
Erste Achse:	Klinisch-psychiatrisches Syndrom	Aufmerksamkeitsdefizit-Hyperaktivitätsstörung
Zweite Achse:	Umschriebene Entwicklungsrückstände	Lesestörung
Dritte Achse:	Intelligenzniveau	Durchschnittliche Intelligenz
Vierte Achse:	Körperliche Symptomatik	Migräne
Fünfte Achse:	Aktuelle abnorme psychosoziale Umstände	z. B. Streitbeziehungen mit Schülern/Mitarbeitern; Sündenbockzuweisung durch Lehrkräfte
Sechste Achse:	Globalbeurteilung des psychosozialen Funktionsniveaus	z. B. Herausragende/gute soziale Funktionen in allen sozialen Bereichen. Gute zwischenmenschliche Beziehung mit Familie, Gleichaltrigen und Erwachsenen außerhalb der Familie; kann sich mit allen üblichen sozialen Situationen effektiv auseinandersetzen und verfügt über ein gutes Spektrum an Freizeitaktivitäten und Interessen.

7.2 Fallbeispiel

Maxi ist in der Mitte der zweiten Klasse. Bereits in der ersten Klasse hatte er Probleme, Laute in Wörtern zu unterscheiden, Buchstaben mit den Lauten zu verbinden. Das Lesen war von Beginn an sehr stockend, er brauchte viel Zeit, die Laute zu einem Wort zu verbinden. Die Deutschlehrerin hatte bereits nach wenigen Wochen den Kontakt zu Maxis Mutter gesucht und mit ihr die Beobachtungen im Deutschunterricht besprochen. Gemeinsam haben sie vereinbart, dass Maxi in der Schule mehr Zeit bekommt, um die einzelnen Leseschritte zu bewältigen. Außerdem gibt sie der Mutter Übungen für zuhause mit, die sie jeden Tag, allerdings nur zehn Minuten lang, durchführen soll. Für Maxis Mutter war dies, da sie berufstätig ist, immer nur nach der Arbeit am frühen Abend möglich. Es gelang aber, die Übungen regelmäßig durchzuführen und Maxi kam etwas besser mit dem Lesen zurecht. Im Rechtschreiben ging es zwar auch nicht so gut, aber die Schwierigkeiten waren nicht so ausgeprägt wie beim Lesen. Trotz dieser Unterstützung hatten Maxi am Ende der ersten Klasse ausgeprägte Schwierigkeiten Wörter zu lesen, vor allem, wenn sie länger und nicht so bekannt waren. Es fiel ihm sehr schwer, den Sinn des Gelesenen wiederzugeben. Nach den Sommerferien, in denen Maxi froh war, nichts lesen und schreiben zu müssen, war der Start im Lesen in der zweiten Klasse sehr schwierig. Die Probleme bestanden weiterhin und da die Leseanforderungen weiter anstiegen, kam er damit noch schlechter zurecht. Die Lehrkraft empfahl der Mutter, eine Diagnostik durchzuführen, ob bei Maxi eine Lesestörung vorliege. Sie empfahl, zu der Kinderpsychiaterin in der Stadt zu gehen, da Maxi bereits Ende des letzten Schuljahres mehrfach gesagt habe, dass er keine Lust mehr auf Deutsch hätte und sehr traurig gewirkt habe. In der Praxis der Kinderpsychiaterin wurden mehrere Termine zur Diagnostik vereinbart. Zum Ersttermin mit der Ärztin wurden beide Eltern und Maxi eingeladen. In den Gesprächen erfragte die Ärztin die Vorgeschichte und die aktuellen Probleme, auch Maxi wurde befragt und er berichtet aus seiner Sicht, wie es ihm mit dem Lesen und seiner Situation in der Klasse geht. Dabei wird deutlich, dass Maxi mittlerweile Ängste vor dem Vorlesen entwickelt hat und bei den

Lesetexten eigentlich kaum etwas richtig versteht. Die Eltern berichten davon, dass Maxi im Kindergartenalter häufiger Mittelohrentzündungen gehabt und infolge über mehrere Wochen schlecht gehört habe. Die Ärztin empfiehlt daher eine Zusatzuntersuchung bei einem Pädaudiologen, einem Facharzt, der sich auf das Hören bei Kindern spezialisiert hat.

Beim zweiten Untersuchungstermin bei der Kinderpsychiaterin wird Maxi von einer Psychologin untersucht, die mit ihm verschiedene Lesetests und Fragebögen durchführt. Da Maxi aufgrund seines Alters sich nicht länger als eine Stunde gut konzentrieren kann, erfolgt die Untersuchung seiner kognitiven Fähigkeiten an einem weiteren Termin bei der Psychologin.

In der Zwischenzeit hat die Kinderpsychiaterin mit der Deutschlehrerin telefoniert und von ihr Unterlagen zum Verlauf des Schriftspracherwerbs bekommen. Beim nächsten Termin bei der Kinderpsychiaterin wird Maxi körperlich untersucht und insbesondere geschaut, ob motorische oder neurologische Entwicklungsauffälligkeiten vorliegen. Da weder aus der Entwicklungsgeschichte noch aktuell Hinweise auf eine neurologische Erkrankung berichtet werden, verzichtet die Kinderpsychiaterin auf weitere Diagnostik, wie z. B. ein Elektroenzephalogramm (EEG) zu machen, um festzustellen, ob eine neurologische Erkrankung wie z. B. eine Epilepsie vorliegt.

Zum Abschlusstermin werden die Eltern mit Maxi eingeladen und die Psychologin und die Kinderpsychiaterin gemeinsam berichten die Untersuchungsergebnisse und besprechen die nächsten Schritte mit Maxi und seinen Eltern.

7.3 Praxistipps

Beobachten Eltern, Lehrkräfte und die Kinder, dass Prozesse des Lesenlernens deutlich verlangsamt sind und mit vielen Fehlern verlaufen, sollte mit der diagnostischen Abklärung nicht gewartet werden. Denn je früher der diagnostische Prozess begonnen wird, mit dem Ziel, das Kind möglichst so früh wie möglich zu fördern, desto größer sind die zu erwartenden Fördereffekte. Außerdem erspart man dem Kind negative Erfahrungen des Scheiterns bei dem komplexen Leselernprozess.

Bei der Diagnostik sollte man darauf achten, dass alle empfohlenen Bausteine der Diagnostik (▶ Tab. 7.3) durchgeführt werden, um eine Fehldiagnose zu vermeiden. Bei der Testdiagnostik ist es wichtig, dass nur aktuell normierte Verfahren verwendet werden (nicht älter als zehn Jahre).

Zusätzlich zu der Leistungsdiagnostik (Lesefähigkeiten) sollte die psychische Befindlichkeit des Kindes anhand des psychopathologischen Befundes beschrieben werden und ggf. diagnostische Verfahren zur Feststellung einer psychischen Erkrankung durchgeführt werden. Die körperliche Untersuchung umfasst neben der kinderneurologischen Untersuchung die orientierende Untersuchung der Sehr- und Hörfähigkeit. Ergibt sich aus dieser Untersuchung ein Hinweis für Schwierigkeiten in diesen Bereichen, sollte eine weitere fachärztliche Untersuchung beim Facharzt für Phoniatrie und Pädaudiologie (Hörprobleme) oder Facharzt für Augenheilkunde mit Schwerpunkt Kinderaugenheilkunde in Zusammenarbeit mit einer Sehschule durchgeführt werden. Nicht immer berichten die Kinder von ihren Ängsten, sei aus Scham oder aus Versagensgefühlen. Bei Hinweisen aus der Anamnese oder aufgrund der Verhaltensbeobachtung z. B. für ein Vorliegen einer ADHS sollten Verfahren zur Beurteilung des Ausmaßes der Hyperaktivität, der Aufmerksamkeitsstörung und Impulsivität durchgeführt werden (▶ Kap. 6.3). Die Kosten für diese Diagnostik übernehmen die Krankenversicherungen, da die Lesestörung zu den im ICD-10 gelisteten Erkrankungen gehört.

Abgeraten wird von einer Schnelldiagnostik, bei der ein Lesetest durchgeführt wird und allein aufgrund des Testergebnisses die Diagnose gestellt werden. Auch wird von einem ausschließlich auf qualitative Verfahren beruhenden Diagnostikprozess abgeraten. Hierbei werden die Lese- und/oder Rechtschreibfehler qualitativ beurteilt und aufgrund dieser Beobachtung eine Diagnose gestellt. Da die Leseentwicklung bei den Kindern unterschiedlich verläuft, sind qualitative Fehler nicht stabile Merkmale, die eine Diagnosestellung erlauben.

8 Wann liegt eine Lesestörung vor?

Die Kriterien für die Diagnose einer Lesestörung sind ausführlich im ICD-10 (▶ Tab. 8.1) dargestellt. Es werden Ein- und Ausschlusskriterien beschrieben, die in der Tabelle 8.1 zusammenfassend dargestellt werden.

Tab. 8.1: Diagnostische Ein-und Ausschlusskriterien für eine Lesestörung

Einschlusskriterien	Ausschlusskriterien
Intelligenz > 70	Intelligenzkriterium (IQ < 70)
Leseleistung (Lesegeschwindigkeit und/oder Lesefehler) muss unter dem Durchschnittsbereich liegen, dies entspricht einem ≤ Prozentrang 16	Nicht ausgeglichene/behandelte Visusprobleme
Diskrepanz der Leseleistung von einer Standardabweichung zur Klassenstufe	Nicht ausgeglichene/behandelte Hörprobleme
Mit Beginn des Schriftspracherwerbs zeigen sich Schwierigkeiten beim Leseprozess.	Unzureichende bzw. unangemessene Beschulung, z. B. wegen Schulfernbleibens
Bestehen der Probleme über einen längeren Zeitraum	Lesestörung aufgrund unzureichender Beherrschung der Unterrichtssprache
Lesestörung kann nicht durch eine akute psychische oder neurologische Erkrankung erklärt werden.	Ergebnis im Lesetest: Prozentrang > 16
Leseprobleme beeinträchtigen die Schulausbildung oder alltägliche Tätigkeit, die Lesefertigkeiten erfordern.	Symptome der Lesestörung dürfen nicht erst in den höheren Schulklassen auftreten.

Tab. 8.1: Diagnostische Ein-und Ausschlusskriterien für eine Lesestörung – Fortsetzung

Einschlusskriterien	Ausschlusskriterien
	Keine psychischen oder neurologischen Erkrankungen, die die Störungssymptome erklären könnten.
	Erworbene Lesestörung (Alexie) durch Erkrankung oder Verletzung verbunden mit einem Verlust bereits bestehender Lesefertigkeiten

8.1 Hintergrund

Die Einschlusskriterien für eine Lesestörung sind im ICD-10 beziehungsweise in Deutschland im MAS (▶ Kap. 7.1) beschrieben, allerdings ohne eine konkrete Empfehlung zur Umsetzung. Die aktuell empfohlenen Kriterien für die Diagnosestellung finden sich in der S3-Leitlinie »Diagnostik und Behandlung von Kindern und Jugendlichen mit Lese- und/oder Rechtschreibstörung«, die online verfügbar ist (www.awmf.org/leitlinien/detail/ll/028-044.html) und regelmäßig aktualisiert wird. Das Prinzip der S3-Leitlinie ist, dass auf der Basis der verfügbaren wissenschaftlichen Arbeiten eine Empfehlung für die diagnostischen Kriterien, die Förderung und Behandlung entwickelt werden. Diese werden einem Gremium von Vertretern der ärztlichen, psychologischen, pädagogischen und therapeutischen Fachverbände vorgestellt, mit ihnen diskutiert und abgestimmt. In diesem letzten Abstimmungsprozess fließen die praktischen Erfahrungen aus der Perspektive der einzelnen Fachverbände ein, sodass die Diagnosekriterien in der Leitlinie sowohl wissenschaftlich fundiert als auch für die Praxis geeignet sind.

In der Vergangenheit wurden ganz unterschiedliche Kriterien verwendet, um festzulegen, wann eine Lesestörung vorliegt. Die Forschungskriterien des ICD-10 fordern für die Diagnose einer Lesestörung eine Leseleistung in einem standardisierten Test unter einem Prozentrang von 2 (PR ≤ 2) bzw. unter 2 Standardabweichungen unter dem Durchschnitt, was einem sehr strengen Kriterium entspricht und möglicherweise viele Kinder, die einen Förderbedarf haben, ausschließt. Dies strenge Kriterium hat man in der S3- Leitlinie aufgegeben, da Studien gezeigt haben, dass der gleiche Förderbedarf bei schwer betroffenen Kindern wie bei den nicht so schwer betroffenen Kindern (Prozentrang im Lesetest ≤ 16) besteht und dass dieselben Fördermethoden empfohlen werden können, unabhängig vom Schwergrad der Lesestörung.

Ähnliches gilt für das weit verbreitete IQ-Diskrepanzkriterium zur Diagnosestellung einer Lesestörung. Die theoretische Grundlage für dieses Kriterium ist die Annahme, dass die Leseleistung des Kindes erwartungswidrig in Bezug auf seine Intelligenz ist. Dieser Annahme liegt ein überschätzter Zusammenhang zwischen dem IQ und der Leseleistung zugrunde. Dies kann zu folgenden Situationen führen, die beispielhaft dargestellt werden. Ist die Leseleistung im Durchschnittsbereich und der IQ sehr hoch, so ist das IQ-Diskrepanzkriterium erfüllt und diagnostisch läge eine Lesestörung vor. Dies ist aber nicht sinnvoll, weil dadurch ein Kind mit einer durchschnittlichen Leseleistung als Kind mit einer Lesestörung diagnostiziert wird. Liegt ein hoher IQ vor und ist die Leseleistung sehr gering, identifiziert dieses Kriterium dieselben Kinder, als wenn man das Kriterium einer unterdurchschnittlichen Leseleistung (≤ Prozentrang 16) verwenden würde. Obwohl dieses IQ-Diskrepanzkriterium im ICD-10 und auch ICD-11 empfohlen wird, empfiehlt es die Leitlinie nicht. Der Hintergrund ist, dass es keine wissenschaftlichen Belege gibt, die aufzeigen, dass dieses Kriterium sinnvoll ist, wie an dem Beispiel gerade gezeigt wurde. Daher empfiehlt die Leitlinie, die Diagnose einer Lesestörung nur dann zu stellen, wenn die Leseleistung unterdurchschnittlich ist. Dies bedeutet, dass der Prozentrang in dem Testverfahren ≤ 16 oder der T-Wert ≤ 40 (▶ Kap. 20) sein muss (Prozentrangkriterium).

Für wen sind diese Kriterien relevant? Die diagnostischen Kriterien bekommen ein besonderes Gewicht, wenn in der Schule darüber entschieden wird, ob ein Notenschutz gewährt wird oder nicht (▶ Kap. 11.6), zumindest in einzelnen Bundesländern hängt dies von der Unterschreitung eines Prozentrangkriteriums im Lesetest ab. Ferner kann das Diagnosekriterium relevant werden, wenn es um die Gewährung von Eingliederungshilfe gemäß § 35a geht (▶ Kap. 15.4). Wird das beschriebene Prozentrangkriterium nicht unterschritten, kann es zu Schwierigkeiten bei der Anerkennung der Diagnose kommen, die zumindest zum Teil die Begründung ist, um eine solche Hilfe zu bekommen und in Anspruch zu nehmen.

8.2 Fallbeispiel

Miriam geht in die dritte Klasse der Grundschule. Bereits in der ersten Klasse fällt ihr das Lesen schwer, durch viel Unterstützung ihrer Mutter, die zuhause mit ihr gemeinsam liest und einer hohen eigenen Motivation, lesen zu können wie die anderen, schafft Miriam es immer wieder, den Anschluss an die Klassenkameraden nicht zu verlieren. Ende der zweiten Klasse werden aber die Texte für sie so schwierig, dass sie für das Verständnis eines Textes fast die dreifache Zeit im Vergleich zu ihren Klassenkameraden benötigt. Miriams Mutter hatte bereits zu Beginn der zweiten Klasse die Deutschlehrerin um ein Beratungsgespräch gebeten, um zu erfahren, wie die Fachkraft die Leseprobleme von Miriam einschätzt. Parallel hatte Miriams Mutter eine Untersuchung veranlasst, um festzustellen, ob bei Miriam eine Lesestörung vorliegt. Bei den Untersuchungen musste Miriam Wörter und Pseudowörter in einer Minute so schnell wie möglich laut vorlesen, anschließend bekam sie einzelne Sätze zum Lesen, bei denen sie ein einzelnes Wort, das den Satz sinnvoll ergänzt, aus mehreren Alternativen auswählen musste. Zum Schluss las sie kurze Texte auf Zeit und wählte die richtige Antwort aus vier Antwortsätzen zum Inhalt aus.

Außerdem machte Sie einen Intelligenztest, dazu musste sie viele Fragen beantworten und Aufgaben lösen. Zusätzlich wurde ein Hör- und Sehtest durchgeführt. Die Tests waren für sie anstrengend, Miriam war aber sehr motiviert und die Untersucherin sehr nett. Die Untersucherin erklärt Miriam und ihrer Mutter nach der Auswertung aller Ergebnisse, dass Miriam in dem Test zur Lesegeschwindigkeit einen

Prozentrang < 6 und im Leseverständnis einen Prozentrang < 10 erreicht hatte. Diese Ergebnisse bedeuten, dass 94 % der Kinder derselben Klassenstufe eine höhere Lesegeschwindigkeit und 90 % der Kinder ein höheres Leseverständnis haben. Miriams kognitive Fähigkeiten, gemessen mit dem Intelligenztest, seien gut durchschnittlich, eine Hör- oder Sehstörung läge nicht vor. Da Miriam schon seit längerem erhebliche Probleme im Lesen hätte, läge bei ihr eine Lesestörung vor.

Im Gespräch mit der Deutschlehrkraft erfährt Miriams Mutter, dass Miriam erhebliche Probleme in der Schule beim Lesen hätte und dass Miriam schulische Hilfe bräuchte. Diese versuche die Lehrerin ihr zu geben, jedoch sei ein zusätzlicher Förderunterricht aufgrund fehlender Ressourcen in der Schule nicht möglich. Als Miriams Mutter von der Untersuchung berichtet, sieht sich die Lehrerin bestätigt und will nun prüfen, ob Miriam Nachteilsausgleich und Notenschutz bekommt.

8.3 Praxistipps

Für viele Praktiker sind die Diagnosekriterien verwirrend, da sehr unterschiedliche Kriterien in den verschiedenen Büchern und online zu finden sind und angewendet werden. Daher sind die Diagnose-Kriterien der S3-Leitlinien (▶ Tab. 8.1) zur Anwendung zu empfehlen, da diese Leitlinie sowohl die wissenschaftliche Basis als auch die Zustimmung vieler Praktiker bekommen hat. Das entscheidende Kriterium ist, dass die Leseleistung, gemessen mit einem standardisierten und aktuell normierten Verfahren unterdurchschnittlich ist, dies bedeutet ein Prozentrang ≤ 16 oder ein T-Wert ≤ 40.

Außerdem sollte darauf geachtet werden, dass das Testverfahren die Lesegeschwindigkeit misst, da eine verlangsamte Lesegeschwindigkeit das zentrale Merkmal der Lesestörung darstellt.

Bei der Auswahl der Testverfahren sollte darauf geachtet werden, dass die Normierung nicht älter als zehn Jahre ist und die Normierung an einer ausreichend großen Stichprobe durchgeführt wurde (weiteführend hierzu der Artikel: Galuschka et al. (2015)).

Zur Beurteilung der kognitiven Fähigkeiten werden Intelligenztests durchgeführt. Die Verfahren unterscheiden sich hinsichtlich des Umfangs der Testaufgaben und welche Aufgaben verwendet werden, um die Intelligenz zu messen. Bei der Auswahl des Verfahrens sollte darauf geachtet werden, dass Kinder mit einer Lesestörung häufig einen geringeren Wortschatz haben, bedingt durch die eingeschränkte Lesefertigkeit. Da der Wortschatz häufig in den Intelligenztests erhoben wird, kann das Ergebnis der Intelligenzmessung in der Weise beeinflusst werden, das der IQ unterschätzt wird. Da es sogenannte sprachfreie Verfahren zur Messung der Intelligenz gibt, ist die Anwendung eines solchen Verfahrens bei Vorliegen von Sprachentwicklungsstörungen oder geringerem Wortschatz des Kindes in Betracht zu ziehen.

9 Wie wird eine Rechtschreibstörung festgestellt und wann liegt eine Rechtschreibstörung vor?

Die Feststellung einer Rechtschreibstörung setzt einen vergleichbar umfangreichen diagnostischen Prozess voraus wie bei der Lesestörung. Dieser ist notwendig, um nicht fälschlicherweise eine Diagnose zu stellen, die nicht zutrifft. Dies kann aber leicht passieren, wenn man nur einen Test durchführt, ohne die Gesamtentwicklung des Kindes und die verschiedenen Perspektiven der individuellen Lernentwicklung (aus Sicht des Kindes, der Eltern und der Lehrkraft) zu integrieren. Zusätzlich ist eine Abgrenzung von einer verzögerten Rechtschreibentwicklung sinnvoll und notwendig.

Im Vordergrund der Rechtschreibstörung stehen viele Rechtschreibfehler, infolge auch die geringere Textproduktion und der meist schriftsprachlich einfachere Ausdruck. Probleme mit der Grammatik und der Zeichensetzung werden auch beschrieben. Für die Diagnostik ist es wichtig zu klären, ob die Hörfunktionen beeinträchtigt waren oder aktuell sind, da eine länger andauernde Hörbeeinträchtigung zu Schwierigkeiten bei der Lautdifferenzierung führen kann, die wiederum das Erlernen der Laut-Buchstaben-Zuordnung erschweren kann.

Die Problembereiche, die zur Rechtschreibstörung dazugehören und bei der Diagnostik untersucht werden sollten, werden in der nachfolgenden Tabelle 9.1 zusammenfassend dargestellt.

9 Wie wird eine Rechtschreibstörung festgestellt?

Tab. 9.1: Problembereiche, die auf eine Rechtschreibstörung hinweisen und untersucht werden sollten.

Problembereiche	Beispiele
Buchstabenauslassungen, -ergänzungen, -ersetzungen und -vertauschung	Auslassung: Fahrad Ergänzung: Fahrrahd Ersetzung: Vahrrad Vertauschung: Farhrad
Verschriftlichung von Konsonantenhäufungen ist schwierig	Schr in Schrank, rnst in Ernst
Buchstabenfolgen ohne lautliche Repräsentation des Wortes	durgat für Geburtstag
Lautlich richtige Schreibung, aber orthografisch falsche	faren, Verkeuferin, Walt
Graphomotorische Probleme	Unleserliche Handschrift
Probleme mit der Zeichensetzung	Punkt am Satzende fehlt
Probleme bei der Grammatik	z. B. Endungen bei der Konjugation von Verben fehlerhaft
Probleme in der Groß- und Kleinschreibung	Satzanfang kleingeschrieben, Nomen werden kleingeschrieben

9.1 Hintergrund

Für die Diagnostik einer Rechtschreibstörung ist es wichtig, die Entwicklungsstufen des Rechtschreibens zu kennen. Auf dieser Basis ist es möglich, die beobachteten Rechtschreibprobleme des Kindes entweder als eine verzögerte Entwicklung oder als eine Problematik einzuschätzen, die für eine Rechtschreibstörung spricht. Allerdings sollte, wie bei der Diagnostik der Lesestörung, eine ganzheitliche Diagnostik erfolgen, sodass die diagnostischen Schritte, wie in der Abbildung 7.1 und der Tabelle 7.3 für die

9.1 Hintergrund

Lesestörung dargestellt sind, auch bei der Diagnostik der Rechtschreibstörung durchgeführt werden.

Die Entwicklungsschritte im Bereich der Rechtschreibung werden in einen phonologischen, alphabetischen, orthografischen und morphematischen Bereich unterteilt. Diese Unterteilung entspricht auch den Entwicklungsstufen, die in der Abbildung 9.1 dargestellt sind.

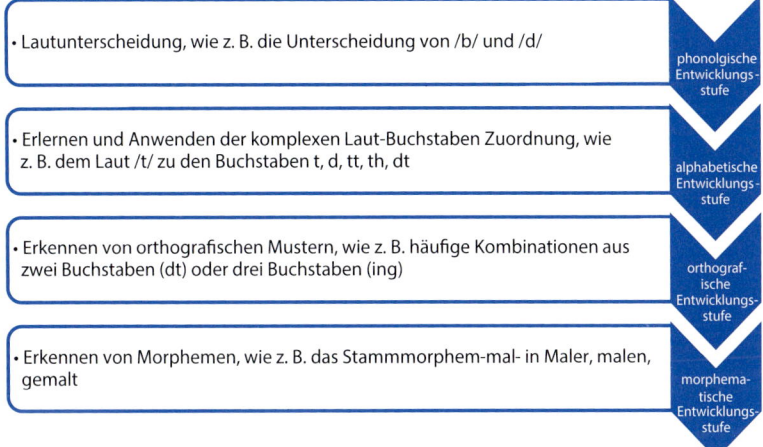

Abb. 9.1: Entwicklungsstufen in der Rechtschreibentwicklung mit Beispielen

Die dargestellten Entwicklungsstufen in der Rechtschreibung zeigen auf, welche Herausforderungen die Kinder beim Erlernen der Schriftsprache zu bewältigen haben. Auch wenn die Rechtschreibentwicklung in aufeinander aufbauenden Phasen erfolgt, so sind diese Entwicklungsschritte nicht so abgegrenzt, wie man aus der Abbildung schließen könnte. Der Übergang von der phonologischen zur alphabetischen Stufe ist fließend, ebenso zwischen der orthografischen und morphematischen Entwicklungsstufe. Die Entwicklung hängt sowohl von dem Unterricht im Schriftspracherwerb ab als auch von den individuellen Voraussetzungen des Kindes. Daher ist es für die Diagnostik auch wichtig, Informationen über den Inhalt des Deutschunterrichtes in der Klasse des Kindes zu erfragen, das wegen einer Rechtschreibstörung untersucht wird. Nur so ist es meist möglich, die Bedeutung der Rechtschreibfehler richtig einzuordnen. Nicht selten kann es passieren, insbesondere in den ersten und zweiten Klassen, dass fälschlicherweise ein Kind aufgrund seiner Rechtschreibfehler als ein Kind mit einer Rechtschreibstörung diagnostiziert wird, bei dem die Rechtschreibfehler überwiegend in einem Bereich vorlagen, der noch nicht in der Unterrichtung vorkam oder noch nicht ausreichend geübt wurde.

Für die Konzeption der individuellen Förderung bei einem Kind mit einer Rechtschreibstörung ist die Bewertung der Rechtschreibfehler sehr hilfreich (▶ Kap. 12.3). Auf der Basis dieser Analyse können Fehlerschwerpunkte identifiziert werden, die einen Rückschluss auf das individuelle Rechtschreibentwicklungsniveau gemäß den Stufen in Abbildung 9.1. zulassen.

Für die Diagnosestellung sollte jedoch die Gesamtentwicklung des Kindes und die individuelle Ausprägung der Rechtschreibstörung entscheidend sein (▶ Tab. 9.2). Die Schwere der Störung hängt von der Zahl der Rechtschreibfehler, der Dauer der Rechtschreibprobleme und auch von der Wirksamkeit von Fördermaßnahmen ab. Zur Bestimmung des Ausmaßes der Rechtschreibstörung wird mithilfe eines standardisierten Rechtschreibtests untersucht, wie viele der diktierten Wörter ein Kind falsch schreibt. Dieses Ergebnis wird mit einer großen Stichprobe von Kindern der gleichen Klassenstufe verglichen. Weicht die Leistung des untersuchten Kindes sehr stark von dem Klassendurchschnitt ab (Prozentrang ≤ 6), liegt eine schwere Ausprägung der Rechtschreibstörung vor. Hält diese Problematik länger als ein halbes Jahr an, wirken Hilfemaßnahmen in der Schule und/oder zuhause kaum, dann liegt eine schwere Form der Rechtschreibstörung vor.

Die Kriterien für die Diagnose sind ausführlich im ICD-10 (▶ Tab. 9.2) dargestellt. Es werden Ein- und Ausschlusskriterien beschrieben, die in der Tabelle 9.2 zusammengefasst werden.

Tab. 9.2: Diagnostische Ein- und Ausschlusskriterien für eine Rechtschreibstörung

Einschlusskriterien	Ausschlusskriterien
Intelligenz ≥ 70	Intelligenzkriterium (IQ < 70)
Rechtschreibleistung (Anzahl der Rechtschreibfehler) muss unter dem Durchschnittsbereich liegen, dies entspricht einem ≤ Prozentrang 16	Nicht ausgeglichene/behandelte Visusprobleme
Diskrepanz der Rechtschreibleistung von einer Standardabweichung zur Klassen- oder Altersnorm (Ergebnis im Rechtschreibtest: Prozentrang ≤ 16)	Nicht ausgeglichene/behandelte Hörprobleme
Mit Beginn des Schriftspracherwerbs zeigen sich Schwierigkeiten bei der Rechtschreibung	Unzureichende bzw. unangemessene Beschulung, z. B. wegen Schulfernbleiben oder nicht ausreichender Unterrichtung in der Rechtschreibung
Bestehen der Probleme über einen längeren Zeitraum	Erworbene Schreibstörung (Agrafie) durch Erkrankung oder Verletzung verbunden mit einem Verlust bereits bestehender Rechtschreibfertigkeiten
Rechtschreibstörung kann nicht durch eine akute psychische oder neurologische Erkrankung erklärt werden	Ergebnis im Rechtschreibtest: Prozentrang > 16
Rechtschreibprobleme beeinträchtigen die Schulausbildung oder alltägliche Tätigkeit, die Rechtschreibfertigkeiten erfordern.	Symptome der Rechtschreibstörung sollten nicht erst in den höheren Schulklassen auftreten
	Psychischen oder neurologischen Erkrankungen, die die Störungssymptome erklären könnten.

9.2 Fallbeispiel

In einer kinder- und jugendpsychiatrischen Praxis wird Hans, ein Junge der dritten Klasse, wegen Schulproblemen vorgestellt. Die Eltern berichten, dass die Probleme hauptsächlich im Fach Deutsch und dort bei der Rechtschreibung beständen. Die Diktatnoten seien zwischen 5 und 6. Hans habe auch keine Lust, irgendetwas zu schreiben und er ginge auch nicht mehr gerne in die Schule. In den anderen Fächern beständen keine Probleme. Die Kinder- und Jugendpsychiaterin führt ein ausführliches Gespräch mit den Eltern und befragt Hans, wie es ihm in der Schule gehe, was ihm gut und was ihm weniger gut gefalle. Sie fragt auch danach, ob er Freunde habe, was er in seiner Freizeit mache, ob er Schwierigkeiten mit dem Schlafen oder ob er irgendwelche Unfälle oder Erkrankungen in der letzten Zeit gehabt habe.

Die Ärztin entscheidet mit der Kollegin, die die psychologische Untersuchung durchführt, dass es für die Diagnosestellung wichtig sei, verschiedene Tests durchzuführen. Hierzu gehören ein Rechtschreibtest, ein Intelligenztest, ein Lese- und ein Rechentest. Die Mutter von Hans fragt erstaunt, warum auch Lese- und Rechentests gemacht werden, obwohl von der Schule kaum Probleme in diesen Bereichen berichtet werden. Die Psychologin erklärt, dass bei Kindern mit einer Rechtschreibstörung auch häufig die Lesegeschwindigkeit beeinträchtigt ist und im Bereich Mathematik Schwierigkeiten auftreten. Um herauszufinden, in welchen Lernbereichen bei Hans Probleme bestehen, ist es sinnvoll, diese Tests durchzuführen. Die Psychologin erklärt Hans und seiner Mutter die Testverfahren. Sie betont, dass es bei den Tests keine Noten gibt und Hans die Aufgaben so gut wie möglich lösen soll. Die Ergebnisse würden nicht in seinem Zeugnis stehen und es würden nur Personen die Ergebnisse erfahren, die die Erlaubnis dazu von den Eltern und ihm erhalten haben.

Beim Rechtschreibtest kommt es darauf an, einzelne Wörter in vorgedruckten Sätzen richtig zu schreiben. Dazu liest die Psychologin erst den gesamten Text vor, damit Hans versteht, um welche Inhalte es bei den Sätzen geht. Danach liest die Untersucherin jeden Satz einzeln vor, dann das zu schreibende Wort und dann den Satz zur Kontrolle noch einmal. Hans darf das geschriebene Wort korrigieren, wenn er beim Schreiben einen Fehler entdeckt. Der Test ist ganz schön anstrengend, nach 40 Wörtern in Sätzen ist schon fast eine halbe Stunde herum. Dann gibt es eine kurze Pause, bevor es mit dem Lesen weitergeht. Dieser Tests ist kurz, Hans soll zuerst Wörter aus einer Liste mit Wörtern schnell und richtig laut vorlesen. Nach einer Minute sagt die Untersucherin: »Stopp, der Test ist schon fertig.« Dann kommt der zweite Teil des Lesetests. Hier geht es um Wörter, die es gar nicht gibt, die Hans aber lesen kann, da sie existierenden Wörtern ähneln. Wieder hat Hans eine Minute, um die Wörter, die deutlich schwieriger zu lesen sind, laut vorzulesen. Die Untersucherin sitzt gegenüber von Hans und protokolliert, wie Hans liest.

Beim Rechentest gibt es viele verschiedene Aufgaben. Die meisten kennt Hans, Addition, Subtraktion, aber auch Aufgaben, wo er auf einer Linie die Zahl einzeichnen muss, die zwischen 50 und 100 liegt. Hans gefällt dieser Test am besten, da er ihn am Tablet machen kann.

Für den Intelligenztest wird ein weiterer Untersuchungstermin vereinbart, da dieser Test umfangreich ist und ganz verschiedene Bereiche umfasst. Hans und seine Mutter erfahren, dass es um sprachliche Fertigkeiten, um logisches Denken, um Gedächtnis und um Bearbeitungsgeschwindigkeit geht.

Außerdem bekommt Hans und seine Mutter Fragebögen, die sie ausfüllen sollen. Hierbei geht es darum, ob Hans manchmal Angst habe, z. B. vor der Klasse etwas an die Tafel zu schreiben oder vor Mitschülern. Auch Fragen zu seiner Stimmung, zu seinem Schlaf und ob er häufiger Kopf- und Bauchschmerzen habe kommen vor.

Nachdem alle Untersuchungsergebnisse vorliegen, erfolgt ein gemeinsames Beratungsgespräch über die Ergebnisse. Hans hat in dem Rechtschreibtest sehr viele Fehler, die Psychologin erklärt, dass sie die Fehlerzahl des Rechtschreibtestes in Bezug zur Klassennorm der 3. Klasse setzt. Hierbei erhält sie einen Prozentrang, der ausdrückt, wo die Rechtschreibleistung von Hans im Vergleich zur Klasse liegt. Der Prozentrang sei 5, dies bedeute, dass 95 % der Schüler der gleichen Klassenstufe weniger Rechtschreibfehler machen als Hans. Dies ist ein weit unterdurchschnittliches Ergebnis. Im Lesen war das Ergebnis anders. Hier erzielte Hans einen Prozentrang beim Lesen von Wörtern von 20 und beim Lesen der unbekannten Wörter von 18. Die Psychologin erklärt, dass diese Prozentränge noch im Durchschnittsbereich lägen, aber im unteren Bereich. Im Bereich Rechnen läge der Prozentrang im Durchschnittsbereich mit 50 %. Die Ärztin erklärt Hans und seiner Mutter die Befunde, auch die aus der ärztlichen Untersuchung, die aber alle unauffällig waren. Seine kognitiven Fähigkeiten (IQ) liegen im oberen Durchschnittsbereich. Bei Hans liegt eine Rechtschreibstörung vor, da die Probleme schon länger als ein halbes Jahr bestehen und sehr ausgeprägt sind. Diese sollte unbedingt behandelt werden. Auch im Lesen bestände eine Schwäche, sodass auch hier ein Förderbedarf bestehe. Es folgt die Beratung hinsichtlich der sinnvollen und vor allem der wirksamen Fördermöglichkeiten (▶ Kap. 12.3). Zusätzlich wurden Ängste bei Hans festgestellt, in der Schule zu versagen. Besonders stark ausgeprägt waren die Ängste, wenn er an Deutsch dachte und an die Anforderungen im Lesen und Rechtschreiben. In diesen Bereichen traute sich Hans gar nichts mehr zu und hatte die Erwartung, dass er in diesem Bereich überhaupt nicht mehr besser werden könne. Daher rät die Kinder- und Jugendpsychiaterin dazu, auch die Ängste von Hans entweder im Rahmen der Rechtschreibförderung oder zusätzlich im Rahmen einer kinder- und jugendlichen Psychotherapie zu behandeln.

9.3 Praxistipps

Zur Diagnosestellung einer Rechtschreibstörung sollte neben standardisierten Testverfahren zur Erfassung der Rechtschreibleistung und der Intelligenz auch die Entwicklungsgeschichte und die Schulentwicklung erfasst werden. Bei der Auswahl der Testverfahren sollte darauf geachtet werden, dass diese aktuell normiert sind. Eine Übersicht über empfehlenswerte Testverfahren auf der Basis einer wissenschaftlichen und praxisbezogenen Bewertung findet sich in der S3-Leitlinie zur Diagnostik und Förderung bei der Lese- und/oder Rechtschreibstörung (www.awmf.org/leitlinien/detail/ll/028-044.html). Die Diagnostik ist umfangreich, die

9.3 Praxistipps

ausschließliche Durchführung eines Rechtschreibtests zur Diagnosestellung ist nicht geeignet und auch von S3-Leitlinie nicht empfohlen. Die Durchführung und Bewertung der Tests erfordern eine entsprechende Ausbildung und Erfahrung. Nicht empfohlen wird, wenn die Person, die auch die Therapie/Förderung anbietet auch die Diagnostik durchführt. Vorsicht sei auch geboten vor Diagnoseverfahren, die vorgeben, die ursachenbezogene Diagnostik durchzuführen, wie z. B. über die Messung von auditiven oder visuellen Unterscheidungsleistungen. Diese Art von Diagnostik kann lediglich Hinweise auf eine Wahrnehmungsstörung geben, falls die Tests standardisiert und normiert sind. Für die Diagnostik einer Rechtschreibstörung sind sie nicht geeignet.

10 Was kann ich als Eltern tun, wenn bei meinem Kind eine Lese- und/oder Rechtschreibstörung festgestellt wurde?

Nach der Diagnosestellung sollte zunächst die genaue Information über mögliche Ursachen und mögliche Hilfen und Förderkonzepte bei der Lese- und/oder Rechtschreibstörung erfolgen. Oft drängende Fragen sind, was die Eltern und ihr Kind am besten tun sollen, welche Unterstützung es überhaupt gibt und wer diese bezahlt. Nicht selten besteht auch individueller Beratungs- und Betreuungsbedarf, da aufgrund der meist seit Längerem bestehenden Lernproblematik das Eltern-Kind-Verhältnis belastet ist, sei es durch schwierige Hausaufgabensituationen oder durch Enttäuschungen der Eltern über den Lernfortschritt des Kindes. Schuldgefühle gegenüber dem Kind und Sorgen über die Zukunft des Kindes können zunächst im Vordergrund stehen. Daher sollte auf der Basis der Diagnostik überlegt werden, welche Hilfe, Förderung und Behandlung das Kind braucht.

10.1 Hintergrund

Nach der Diagnosestellung, die für die meisten Eltern nicht überraschend ist, sondern eher Klarheit schafft für eine Lernentwicklung, die sie bisher nur schlecht verstanden haben, stehen die Klärung und die Umsetzung der Empfehlungen zur Förderung und Behandlung im Vordergrund. In dem Beratungsgespräch, in dem die Diagnose mitgeteilt wird, sind oft die Kinder nicht beteiligt. Daher ist eine erste Aufgabe, seinem Kind die Diagnose zu erklären. Manchmal wird den Eltern auch angeboten, dass ein

10.1 Hintergrund

Beratungsgespräch mit dem Kind durch die Personen erfolgen kann, die die Diagnose gestellt haben. Diese Möglichkeit sollten die Eltern für ihr Kind annehmen. In einem solchen Beratungsgespräch ist es möglich, dem Kind direkt zu den einzelnen Tests eine Rückmeldung zu geben, woran viele Kinder interessiert sind, auch wenn sie dies nicht offen sagen. Außerdem ist es sehr hilfreich zu erfahren, welche Annahmen die Kinder zu den Ursachen ihrer Lernprobleme haben. Kinder berichten ungern von eigenen Schwächen und Versagen und erleben die schlechten Leistungen als persönliches Versagen. Im Beratungsgespräch kann der Untersucher diese negativen Selbstzuschreibungen thematisieren und das Kind durch ein Störungsmodell, das auf den individuellen unterschiedlichen Risikofaktoren aufbaut, entlasten (▶ Kap. 14).

Eltern erleben das persönliche Beratungsgespräch zur Diagnosestellung oft als zu kurz, viele Fragen entstehen erst danach und Unklarheiten können dann nicht mehr erfragt werden. Daher ist ein wichtiges Thema, wie Eltern sich informieren können, vor allem bei den vielen Angeboten im Internet. Im Vordergrund stehen Fragen nach den Ursachen, nach den Hilfsangeboten, Fragen zur Schule und vor allem zur häuslichen Unterstützung. Antworten zu diesen Fragen, Kontakte zu Eltern aus der Region, die auch ein betroffenes Kind haben sowie die Möglichkeit zur persönlichen Beratung bietet der Elternverband »Bundesverband Legasthenie und Dyskalkulie e. V. (BVL)« (www.bvl-legasthenie.de). Der Bundesverband hat in allen Bundesländern Landesverbände, die Infoveranstaltungen durchführen, aber auch Infomaterialien zu den verschiedenen Aspekten (Hilfen, rechtliche Fragen, Fremdsprachen, Schule) anbieten. Außerdem hat der BVL auch eine Übersicht über qualifizierte und zertifizierte Therapeuten, die eine Förderung bei der Lese- und/oder Rechtschreibstörung anbieten.

Welche Förderung und Hilfen notwendig sind, sollte im Diagnosegespräch geklärt werden. Meist steht eine außerschulische Förderung bei einer ausgeprägten Lese- und/oder Rechtschreibstörung im Vordergrund. Diese sollte regelmäßig, mindestens einmal wöchentlich und durch eine dafür ausgebildete Fachkraft durchgeführt werden (▶ Kap. 17.4). Zusätzlich ist eine Förderung im Rahmen der schulischen Möglichkeiten sinnvoll und notwendig. Hierzu gehören die individuelle Unterstützung des Kindes bei einzelnen Prozessen im Schriftspracherwerb sowie gezielte Förderung, die jedoch aufgrund fehlender personeller und zeitlicher Ressourcen oft nicht angeboten wird. Als Entlastung- und Unterstützungsmöglichkeiten in der Schule werden Nachteilsausgleich und Notenschutz angeboten (▶ Kap. 11.6). Diese Methoden dienen primär dazu, das Kind mit einer LRS zu entlasten und sind keine spezifischen Förderangebote.

10.2 Hausaufgaben

Hausaufgaben sind oft ein schwieriges Thema, da viele Eltern bereits vor der Diagnosestellung die Erfahrung gemacht haben, dass ihr Kind bei den Deutschhausaufgaben deutlich länger braucht und erhebliche Schwierigkeiten hat. Soweit zeitliche Ressourcen vorhanden sind, versuchen Eltern, ihr Kind dabei zu unterstützen. Dies führt manchmal dazu, dass Eltern quasi die Aufgaben für ihr Kind erledigen, wenn das Kind sehr schwer betroffen ist. Manche Eltern versuchen, ihrem Kind durch Vorlesen beim Lesen zu helfen oder das Verschriftlichen einzelner Wörter zu erleichtern, indem sie die Wörter mit der Handschrift des Kindes aufschreiben. Dabei geben sie Tipps und Empfehlungen, wie das Kind z. B. eine Schreibaufgabe lösen könnte. Dazu gehört z. B. die Empfehlung, Wörter so zu schreiben, wie man sie hört. Da diese Empfehlung zwar bei lautgetreuen Wörtern zutrifft, jedoch bei vielen Wörtern nicht, ist eine solche Empfehlung insgesamt wenig hilfreich. Daher benötigen Eltern bei den Hausaufgaben und der häuslichen Förderung Hilfen.

Allgemeine Empfehlungen für die Begleitung des Kindes bei den Hausaufgaben sind neben einer unterstützenden und förderlichen Haltung gegenüber dem Kind sich vor Beginn der Hausaufgabe über das Ziel, das erreicht werden soll, klar zu werden. Bei einem Kind mit einer LRS sollte versucht werden, den Umfang und die Anforderung der Hausaufgabe mit der Lehrkraft abzustimmen. Meist ist es sinnvoll, den Umfang zu begrenzen und die Anforderungen an den individuellen Entwicklungsstand anzupassen. Die Hausaufgaben sollten so ausgesucht werden, dass es dem Kind mit einer LRS gelingt, sie zu bewältigen.

Die Rolle der Eltern bei den Hausaufgaben sollte sein, den entsprechenden Rahmen für die Erledigung der Hausaufgaben zu schaffen und das Kind dabei zu begleiten. Keinen Sinn macht es, die Hausaufgaben für das Kind zu erledigen oder das Kind unter Druck zu setzen, die Hausaufgaben alle richtig zu lösen. An diesem Punkt kommen Eltern häufig in Konflikt, weil sie befürchten, und dies bedauerlicherweise manchmal zurecht, dass fehlerhafte und fehlende Hausaufgaben zu einer schlechten Bewertung der Leistungen des Kindes führen. In diesen Fällen ist der Kontakt zur Lehrkraft umso wichtiger, um im Sinne des Kindes mit der Diagnose LRS die Anforderungen auf der Basis der Rückmeldung von zuhause anzupassen.

Wichtig sind auch die Rahmenbedingungen für die Hausaufgaben zuhause. Diese sollten in einer ruhigen Atmosphäre, möglichst nicht in den Abendstunden und an einem Arbeitsplatz erfolgen, der nicht ablenkt. Spezifische Anleitungen als Hilfen sollten mit der Lehrkraft abgesprochen sein.

10.3 Häusliche Hilfen und Förderung

Abhängig von einzelnen Voraussetzungen ist es auch sinnvoll, das Kind zuhause gezielt zu fördern. Zu den Voraussetzungen gehören, dass ausreichend Zeit und bei allen Beteiligten die Bereitschaft dafür vorhanden ist. Zunächst muss entschieden werden, welche Förderung das Kind benötigt. Diese Frage ist mit den Personen, die die Diagnostik durchgeführt haben und der zuständigen Lehrkraft zu besprechen. Meist ist die Empfehlung, dass das Kind eine außerschulische Förderung benötigt. Allerdings ist die Verfügbarkeit einer entsprechend ausgebildeten Fachkraft regional sehr unterschiedlich und in ländlichen Regionen eher schlecht. Hinzu kommt, dass die Kosten für die Behandlung meist privat getragen werden müssen, wenn keine drohende seelische Behinderung bei dem Kind vorliegt (▶ Kap. 15.) oder in Ausnahmen die Krankenversicherung die Kosten übernimmt. Die Kosten für eine Therapieeinheit variieren stark, meist abhängig von der Ausbildung der Therapeuten. Gibt es lokal keine Therapieangebote oder sind die Kosten für die Eltern nicht tragbar, sind Eltern oft auf sich allein gestellt und versuchen mit eigenen Ressourcen das Kind häuslich zu fördern.

Die Unterstützungsmaßnahmen zuhause variieren von einer emotional unterstützenden Haltung mit dem Fokus, eine entlastende und stressreduzierte emotionale Atmosphäre im Umgang mit der LRS zu schaffen bis zu angeleiteter gezielter Förderung.

Generell ist eine unterstützende und fördernde Haltung gegenüber dem Kind notwendig. Emotionale Wärme, Anerkennung und Zuwendung sollte losgelöst von schulischen Leistungen gezeigt werden. Ist die Interaktion zwischen Eltern und Kind aufgrund der erlebten emotionalen Belastungen mit der LRS in der Familie und der Schule sehr groß, ist meist von einer häuslichen gezielten Förderung abzuraten. In diesem Fall ist möglicherweise eine Beratung in einer Erziehungsberatungsstelle oder einer Schulberatungsstelle zu der Frage, wie Eltern mit ihrem Kind mit einer LRS umgehen können, entlastend und unterstützend.

Ist hingegen die Interaktion zwischen Eltern und Kind nicht belastet und bestehen ausreichend Ressourcen für eine Förderung, kann entweder begleitend zur Schule oder bei fehlender schulischer Förderung auch durch Eltern allein versucht werden, dass Kind gezielt zu fördern. Im Vorfeld sollte geklärt werden, ob ein Elternteil die zeitlichen Ressourcen hat, sich in ein Förderkonzept einzuarbeiten und regelmäßig mit dem Kind zu arbeiten.

Der Erfolg der Förderung hängt wesentlich davon ab, dass eine Förderung durchgeführt wird, die wissenschaftlich fundiert ist und für die ein Wirksamkeitsnachweis vorliegt (▶ Kap. 12.1).

Es gibt wenige Förderkonzepte, die für Eltern als Durchführende entwickelt wurden. Allerdings können Eltern unter Anleitung bei den genannten Voraussetzungen durchaus Übungen zuhause durchführen. Ein Förderkonzept, dass auch mit Eltern entwickelt wurde, ist das Marburger Rechtschreibtraining, das für die Förderung zuhause geeignet ist. Hierzu sollten Eltern die Anleitung ausführlich lesen und sich vor dem Einsatz des Programms mit den einzelnen Kapiteln sehr gut vertraut machen. Das Programm ist für Kinder mit einer Rechtschreibstörung und für Kinder mit einer kombinierten Lese- und Rechtschreibstörung geeignet, um den Rechtschreibbereich zu verbessern (▶ Kap. 12.3).

Allgemein gilt für die Förderung zuhause, dass die Übungseinheiten zeitlich strikt begrenzt sind, maximal 30 Minuten dauern sollten und auf zweimal pro Woche begrenzt sind. Motivierend ist zusätzlich, wenn nach den Übungen noch ein Spiel gespielt oder eine gemeinsame angenehme Aktivität erfolgt. Für die Übungen ist ein ruhiger Raum notwendig, Unterbrechungen durch Telefon/Handy und Klingeln an der Haustür sollten vermieden werden.

Auch das Lesen kann man sehr gut zuhause fördern. Wichtig ist in diesem Bereich, dass das Lesematerial der Leseentwicklungsstufe des Kindes angepasst ist. Zu komplexe und schwierige Texte führen nur zur Überforderung und sind demotivierend. Eine häufige Strategie ist ein gemeinsames Lesen, wobei sich ein Elternteil mit dem Kind beim lauten Lesen abwechselt (▶ Kap. 12.2). Die Auswahl der Lesetexte sollte in Absprache mit der Lehrkraft und der Person erfolgen, die die Diagnose gestellt hat.

10.4 Kontakt zur Schule

Der Kontakt zur Schule ist für die Gesamtentwicklung in der Schriftsprachentwicklung des Kindes mit einer LRS sehr wichtig. Meist fallen den Eltern und der Lehrkraft auf, dass die individuelle Entwicklung des Kindes im Lesen und/oder Rechtschreiben langsamer und mit Schwierigkeiten verbunden ist. Warum dies bei einem Kind der Fall ist, ist aber oft ungeklärt und so entwickeln Eltern und Lehrkraft voneinander unabhängig Hypothesen über die Gründe. Diese können sehr unterschiedlich sein, die möglicherweise auch nicht zu den notwendigen Schritten der Diagnostik oder Behandlung führen. Um dies zu vermeiden und möglichst frühzeitig das Kind sowohl in der Schule als auch zuhause zu fördern, ist der Austausch zwischen Lehrkraft und Eltern sehr wichtig.

Bei dem Verdacht auf eine LRS regen Lehrkräfte nicht selten an, diesen Verdacht durch eine entsprechende Diagnostik zu überprüfen. Diese kann zum Teil durch die Schulpsychologie (testpsychologische Untersuchung) durchgeführt werden, zum Teil durch Lehrkräfte (Lese- und Rechtschreibtests) selbst. Eine umfassende klinische Diagnostik sollte bei einem Kinder- und Jugendpsychiater, Kinder- und Jugendmediziner, Kinder- und Jugendlichenpsychotherapeut oder in einem sozialpädiatrischen Zentrum, das für diesen Bereich eine ausgewiesene Expertise hat, durchgeführt werden.

Liegt die Diagnose LRS vor, sollten Eltern in Absprache mit der Lehrkraft die Förderung abstimmen. Oft wird eine außerschulische Förderung empfohlen, da es vonseiten der Schule oft nicht die Expertise für diese spezifische Förderung gibt und auch die Ressourcen dafür nicht vorhanden sind.

Unabhängig davon ist die Gestaltung des Nachteilsausgleich und ggf. der Notenschutz zu besprechen. Über die Gewährung von Nachteilsausgleich und Notenschutz entscheidet die Schule, da beides schulische Maßnahmen sind. Mit Nachteilsausgleich werden Hilfen bezeichnet, die dazu dienen, den durch die LRS ausgelösten Nachteil auszugleichen (▶ Kap. 11.6). Diese Maßnahmen sind zu trennen von den pädagogischen Hilfen im Rahmen der Förderung beim Lesen und Rechtschreiben in der Schule.

Typische Formen des Nachteilsausgleich sind Zeitverlängerungen bei Prüfungen. Das Ausmaß dieser Zeitverlängerung wird unterschiedlich gehandhabt und ist nicht festgelegt. Teilweise wird es in Prozenten angegeben, z. B. in 20 %ige oder 25 %ige Verlängerung bis zu 50 % Zeitverlängerung bei einer schriftlichen Prüfung. Ein weiterer Nachteilsausgleich ist das Vorlesen von Aufgabenstellungen, was im Bereich Textaufgabe sehr hilfreich sein kann. Dadurch ist es für das Kind mit einer Lesestörung möglich, die Textaufgabe zu lösen, ohne zuvor beim Entschlüsseln der Aufgabenstellung zu scheitern oder so viel Zeit zu verlieren, sodass die eigentliche Rechenaufgabe nicht mehr gelöst werden kann. Eine sehr einfache und entlastende Unterstützung ist die Gestaltung der Arbeitsblätter und Texte für die Kinder in der Schule. Eine deutlich größere Schrift, z. B. 15 Punkt und größer, erleichtert nachweislich den Kindern mit einer Lesestörung das Lesen durch eine Vergrößerung des Buchstaben- und Zeilenabstandes. Eine weitere prüfungsrelevante Maßnahme ist die Ersetzung der schriftlichen durch mündliche Prüfungsteile. Bei den Hausaufgaben ist prinzipiell die Reduktion möglich, zusätzlich ist aber auch die Anpassung durch die Auswahl der Hausaufgaben an die Entwicklungsstörung möglich und sinnvoll.

Der Einsatz von unterstützenden Mitteln, wie z. B. ein Leselineal, das die zu lesenden Textstellen durch Vergrößerung hervorhebt und die umgebenden Textabschnitte abdeckt. Diktiergerät, Laptop und Scanner zum Scannen von Texten und anschließendem Vorlesen der Texte sind alles Hilfsmittel, die im Rahmen des Nachteilsausgleichs eingesetzt werden dürfen.

10.5 Wer bietet Hilfen an?

Es gibt recht unterschiedliche Hilfsangebote, abhängig von dem jeweiligen Förderbedarf. Der größte Bedarf besteht meist in der spezifischen Lernförderung im Lesen und Rechtschreiben. Die Angebote hierfür sind vielfältig und oft schwer zu unterscheiden. Auch die Qualität ist schwer zu beurteilen. Daher ist zuerst zu klären, welche Förderung ein Kind benötigt. Der Förderbedarf kann im Bereich Lesen, im Bereich Rechtschreiben oder in beiden Bereichen liegen, wenn beide betroffen sind. Außerdem kann zusätzlich eine Rechenstörung vorliegen, sodass in einem solchen Fall entschieden werden muss, welcher Bereich vorrangig gefördert werden soll.

Weiterhin ist zu berücksichtigen, ob bei einem Kind mit einer LRS zusätzlich psychische Belastungen oder Erkrankungen vorliegen, die ebenfalls bei der Förderplanung berücksichtigt werden müssen. In diesem Fall ist es nicht selten notwendig, die Behandlung der psychischen Erkrankung durch einen Kinder- und Jugendlichenpsychotherapeuten oder Kinder- und Jugendpsychiater und -psychotherapeuten durchzuführen. Zusätzlich findet die spezifische Lernförderung statt. Diese wird von Lerntherapeuten angeboten sowie von Fachkräften, die nach einer berufsbegleitenden Ausbildung das Zertifikat Dyslexietherapeut nach BVL erworben haben. Dieses Zertifikat steht für ein Qualitätsmerkmal einer strukturierten und standardisierten Ausbildung, die in Ausbildungseinrichtungen angeboten wird, die vom BVL zertifiziert sind (▶ Kap. 17.4).

Dieses Qualitätsmerkmal wird auch von den Jugendämtern als Nachweis akzeptiert. Daher ist bei allen Hilfemaßnahmen, die über das Jugendamt finanziert werden, zuvor zu klären, ob der Therapeut akzeptiert ist oder nicht. Diese Hilfemaßnahmen erstrecken sich auf verschiedene Bereiche. Der am häufigsten in Anspruch genommene und gewährte für die Förderung bei der LRS ist die Eingliederungshilfe nach § 35a. Die Kosten dieser Hilfe, wenn sie ambulant gewährt werden, trägt die Kommune bzw. das Jugendamt. Allerdings ist die Kostenzusage begrenzt und der Umfang variiert von Jugendamt zu Jugendamt. Man kann aber davon ausgehen, dass meistens die Kosten der Förderung nicht über die gesamte notwendige Zeit übernommen werden. Um überhaupt diese Hilfe in Anspruch nehmen zu können, sind seitens des Jugendamts die Voraussetzungen dafür zu prüfen. Dies geschieht durch eine fachliche Prüfung, die auch Attest und Vorbefunde integriert. Letztendlich ist es aber die Entscheidung des Jugendamtes, ob es die Anspruchsvoraussetzungen als gegeben sieht.

Zu diesen Anspruchsvoraussetzungen gehört zentral, dass eine drohende oder bestehende seelische Behinderung vorliegt. Der Begriff Behinderung wird von vielen Eltern im Zusammenhang mit einer LRS nicht gesehen, ist jedoch eine notwendige Voraussetzung für die Gewährung dieser Hilfen. Wobei es hier nicht um den Grad der Behinderung geht, sondern darum, dass zusätzlich zu der Lese- und/oder Rechtschreibstörung psychosoziale Folgen eingetreten sind, die das Kind mit der LRS massiv beeinträchtigen. Diese Beeinträchtigungen liegen meist in den Bereichen Kontakt zu Gleichaltrigen, Freizeitaktivitäten, Selbstwertgefühl, Belastungen in der Familie, oder den Folgen von Ängsten, depressiven Symptomen und ADHS. Ein wichtiges Kriterium für die Gewährung dieser Hilfe ist eine Teilhabebeeinträchtigung, die z. B. darin gesehen wird, wenn das Kind massiv beeinträchtigt ist, am Unterricht teilzunehmen oder im Kontakt mit Gleichaltrigen. Außerdem muss eine länger bestehende Beeinträchtigung vorliegen, die bereits seit mindestens sechs Monate bestand.

Hilfen gib es auch in den Bereichen Ergotherapie und Sprech- und Sprachtherapie. Die Voraussetzung für die Behandlung in diesen Bereichen ist, dass eine ärztliche Diagnose und eine Verordnung vorliegen, die entsprechend dem Heilmittelkatalog eine Behandlung begründen. Diese Diagnosen, wie z. B. rezeptive oder expressive Sprachentwicklungsstörungen, sind meist nicht zur Begründung der Behandlung bei der LRS geeignet, allerdings bei vorliegenden komorbiden Störungen aus den Bereichen Motorik oder Sprache möglich und sinnvoll.

11 Was kann ich als Lehrkraft tun, wenn ein Kind in meiner Klasse eine Lese- und/oder Rechtschreibstörung hat?

Für Lehrkräfte stellen sich recht unterschiedlichen Herausforderungen im Umgang mit Kindern mit einer Lese- und/oder Rechtschreibstörung, die sowohl die Fragen der Diagnostik und der Förderung als auch der Unterrichtsgestaltung betreffen. Bereits durch die Konzeption des Unterrichts zum Schriftspracherwerb, der Auswahl der Materialien für das Erlernen des Lesens und Rechtschreibens und der Umsetzung des Konzeptes in der Klasse können wichtige Schritte im Sinne der Prävention von Problemen beim Schriftspracherwerb getan werden. Voraussetzung ist, dass die Informationen über die wissenschaftlich abgesicherten Methoden verfügbar sind und diese in der Unterrichtskonzeption und Unterrichtspraxis umgesetzt werden.

11.1 Erkennen von anhaltenden Schwierigkeiten im Lesen und/oder Rechtschreiben

Die schulische Diagnostik unterscheidet sich von der Diagnostik, die im Rahmen des ICD-10 (▶ Kap. 8.1) erforderlich ist und hat den Schwerpunkt, die Lernentwicklung und den Lernstand des Kindes individuell und im Verhältnis zur Klasse zu beurteilen. Dazu ist das Wissen über die verschiedenen Entwicklungsschritte, die ein Kind zum Erwerb der Lese- und Rechtschreibkompetenz durchläuft, wichtig. Um einen Lernrückstand, zeitlich und inhaltlich festzustellen, ist ein Wissen über die normale Entwicklung entscheidend. Ein wenig erschwert wird die diagnostische Einschätzung in den ersten Monaten des ersten Schuljahres durch die hohe Heterogenität der Vorkenntnisse der Kinder, die eingeschult werden. Eine Grundvoraussetzung für den Schriftspracherwerb ist die phonologische Bewusstheit (▶ Kap. 14.4). Daher sollte zu Beginn der Unterrichtung geprüft werden, ob und wie ausgeprägt diese bei den Kindern vorhanden ist.

11.2 Entwicklungsstufen des Lesens und Rechtschreibens

Eine der wesentlichen zu erlernenden Fertigkeiten für das Lesen ist die Zuordnung von Graphem zu Phonem. Damit dieser Prozess gelingt, ist die Phonemdifferenzierung eine zentrale Voraussetzung. Kinder mit Problemen im Bereich der phonologischen Bewusstheit haben auch Probleme beim Erlernen der Phonem-Graphem-Zuordnung, die der zentrale Prozess für den Erwerb von Rechtschreibfertigkeiten ist.

Gelingt die Zuordnung von Graphem-Phonem ist als nächster Schritt des Lesens die Verbindung der Phoneme zu einem Wort. Dies gelingt bei den ersten Lauten im Wort zunächst besser als bei den Lauten in der Mitte oder am Ende des Wortes. Außerdem stellen Buchstabenkombinationen mit mehreren Konsonanten am Wortanfang eine höhere Herausforderung an den Leseprozess des Lesenlernenden als die Verbindung aus einem Konsonanten und Vokal. Daher wird auch in vielen Fibeln zu Beginn mit Wortmaterial gearbeitet, dass durch eine einfache Struktur im Sinne von Konsonant-Vokal (KV), KV-KV-Struktur gekennzeichnet ist. Die Wortlesegeschwindigkeit entsteht und nimmt zu, wenn ein Gedächtnis für häufige Wortteile bzw. Wörter aufgebaut wird. Durch diesen Prozess muss der Lesende nicht mehr mühsam jedem Graphem das entsprechende Phonem zuordnen, sondern erkennt die wesentlichen Wortmerkmale und kann dadurch schnell das Wort aus dem Gedächtnis abrufen. Durch genaue

11.2 Entwicklungsstufen des Lesens und Rechtschreibens

Beobachtung und Dokumentation dieser einzelnen Entwicklungsschritte eines Kindes ist es möglich, individuelle Probleme möglichst frühzeitig zu entdecken. Abhängig davon, ob ein Kind durch mehr Übung, eine andere Lerninstruktion oder weitere Hilfen in die Lage versetzt wird, die Entwicklungsschritte des Lesens »nachzuholen« oder nicht, wird eine Leseschwäche festgestellt oder bei anhaltender Problematik die Diagnose einer Lesestörung gestellt.

Voraussetzung für den erfolgreichen Rechtschreibprozess ist auch die Phonologische Bewusstheit. Hierzu gehört, dass das Kind in der Lage ist, die Phoneme zu unterscheiden, was bei sehr ähnlich klingenden Phonemen eine Herausforderung darstellen kann. Zusätzlich muss die Zuordnung der Phoneme zu den Graphemen gelernt werden. Dieser Prozess ist aber deutlich schwieriger als der Zuordnungsprozess eines Graphems zu dem entsprechenden Phonem, da es in der deutschen Schriftsprache deutlich mehr Zuordnungsmöglichkeiten hierfür gibt (▶ Kap. 12.3). Zu Beginn der Verschriftlichung werden die Wörter meist lautgetreu geschrieben, dies entspricht dem normalen Schriftspracherwerbsprozess basierend auf der Phonem-Graphem-Zuordnung. Mit dem Erwerb des Wissens über orthografische Regelmäßigkeiten in Wörtern werden Wörter zunehmend häufiger orthografisch richtig verschriftlicht. Sehr hilfreich ist die Einführung von Basisgraphemen, um den Lernenden zunächst die häufigen graphemischen Repräsentationen der Phoneme zu vermitteln (▶ Tab. 12.1). Orthografische Mustererkennung wird durch Rechtschreib-Regelwissen unterstützt, obwohl es nicht selten Ausnahmewörter gibt. Dieses Prinzip betont, das Häufige zunächst zu erlernen und damit einen sicheren Grundwortschatz aufzubauen. Das Beharren auf lautgetreuer Verschriftlichung ignoriert die vielen Abweichungen in der deutschen Schriftsprache und verhindert den Aufbau des orthografischen Wissens, das notwendig ist. Zusätzlich ist der Aufbau von morphematischem Wissen notwendig, sodass die Kinder aus der Verschriftlichung von Morphemen die richtige Schreibung von einzelnen Wörtern und zusammengesetzten Wörtern ableiten können. Liegt eine zeitliche Verzögerung von mehreren Monaten bis zu Schuljahren verbunden mit vielen Fehlern beim Erwerb dieser Rechtschreibprozesse vor, ist eine Rechtschreibstörung sehr wahrscheinlich.

Im Verlauf des weiteren Leseprozesses steht das Leseverständnis im Vordergrund und zwar nicht nur im Fach Deutsch. Dieser Prozess kann beeinträchtigt sein, auch wenn der primäre Zuordnungsprozess von Graphem-Phonem keine Probleme mehr bereitet oder das Worterkennen ohne größere Probleme gelingt. Schwierigkeiten beim Textverständnis zeigt sich auf verschiedenen Ebenen, dazu gehören auch das Verstehen syntaktischer und grammatikalischer Satzstrukturen. Es liegen Hinweise aus der Forschungsliteratur vor, die von isolierten Problemen im Leseverständnis berichten. Daher sollte auf diese Problematik besonders geachtet werden, da diese Kompetenz zentral für die weitere Lernentwicklung ist. Eine isolierte Leseverständnisstörung wird bisher nicht diagnostiziert.

11.3 Schultests zur Überprüfung der Lese- und Rechtschreibfähigkeit

Neben der genauen Beobachtung und Dokumentation des individuellen Lese- und Rechtschreibprozesses können für die Diagnostik Schultests eingesetzt werden, die eine Einordnung der Leistung im Lesen und/oder Rechtschreiben des Kindes ermöglichen. Hierzu werden, entsprechend der Klassenstufe, Verfahren eingesetzt, die gezielt Wortlesefähigkeiten (Wortlesegeschwindigkeit, Wortlesefehler, Leseverständnis) oder Rechtschreibung überprüfen. Die Schultests beinhalten eine klare Instruktion und Klassenstufennormen. Manche Tests bieten auch schulformspezifische Normen und Normen für Kinder mit Deutsch als Zweitsprache an. Die Auswertung der Rechtschreibtests ist manchmal schwierig, da aufgrund der Handschrift der Kinder manche Buchstaben nicht klar zu entziffern sind.

Die Diagnoseverfahren werden entweder mit dem Kind einzeln, in der Gruppe oder der Klasse durchgeführt. Klassentest sind allerdings bei der Überprüfung des lauten Lesens nicht möglich. Die Durchführung von Klassentests gelingt besser zu zweit, da eine Person die Instruktionen den Kindern erklärt und die zweite Person sicherstellt, dass jedes Kind sein Testheft mit der richtigen Seite aufgeschlagen vor sich liegen hat. Für eine Individualdiagnostik ist eine Eins-zu-Eins-Testdiagnostik zu bevorzugen. Die Tests sollten in einer ruhigen Umgebung durchgeführt werden.

11.3 Schultests zur Überprüfung der Lese- und Rechtschreibfähigkeit

Welche Tests für welche Klassenstufe empfohlen werden, ist ausführlich in der im Internet frei verfügbaren S3-Leitlinie (www.awmf.org/leitlinien/detail/ll/028-044.html) dargestellt. Vor der Testdurchführung ist es notwendig, sich mit dem Verfahren sehr vertraut zu machen. Die Durchführung ist standardisiert. Die Anwendung und Auswertung sind nur in bestimmten Zeiträumen möglich, da die Normierung auch nur zu den bestimmten Zeiten im jeweiligen Schuljahr durchgeführt wurde. Viele Testverfahren haben Normen für die Mitte und für das Ende des Schuljahres. Außerdem sollte man darauf achten, nur die aktuelle Version eines Testverfahrens einzusetzen. Sind Testverfahren bzw. ihre Normierung veraltet (älter als zehn Jahre), sind die Ergebnisse nur mit großer Zurückhaltung zu bewerten. Aufgrund der Entwicklung im Lesen und Rechtschreiben in der Gesellschaft verbunden mit Veränderungen im Unterrichten und im Lese- und Schreibverhalten können die Vergleiche mit Lese- und Rechtschreibleistungen von Kindern und Jugendlichen, die länger als zehn Jahre zurückliegen, nicht mehr zutreffend sein.

Um sich eine Orientierung über den Leistungsstand einer Klasse zu verschaffen, sind Screeningverfahren geeignet. Diese können meist recht schnell und mit der gesamten Klasse durchgeführt werden. Bei den Tests liegen oft zwei Formen desselben Tests vor, sodass in Klassen nebeneinandersitzende Kinder zwei unterschiedliche Formen desselben Tests erhalten.

Die Auswertung der Tests setzt umfassende Erfahrungen voraus, die Anleitung dazu ist wie die Anleitung zur Testdurchführung in den Handbüchern zu den Testverfahren gut dokumentiert.

Testverfahren, die die individuelle Lernentwicklung in der Klasse abbilden, gehören zu der Lernverlaufs-Diagnostik. Hierzu werden meist kurze Tests, z. B. im Lesen kurze Lesetexte, einmal oder auch mehrfach wöchentlich durchgeführt, um den Lernfortschritt in Bezug auf Teilprozesse des Lesens und Rechtschreibens zu dokumentieren.

Die Testverfahren ersetzen nicht die empfohlene umfassende Diagnostik, die angewandt werden soll, wenn es um die Frage geht, ob eine Lese- und/oder Rechtschreibstörung vorliegt (▶ Abb. 7.1).

11.4 Unterstützen und Fördern in der Klasse

Die individuelle Förderung und Unterstützung im Unterricht setzt die zuvor beschriebene Diagnostik voraus. Zusätzlich zu der Prozess- und Leistungsdiagnostik ist es wichtig, auch das Verhalten und die psychische Befindlichkeit des Kindes zu berücksichtigen. Ist das Kind besonders unruhig, impulsiv und hat eine geringe Aufmerksamkeit, so ist eine weitere Diagnostik zur Abklärung der Frage, ob eine ADHS (▶ Kap. 6.3) vorliegt, sinnvoll, bevor mit der Förderung begonnen wird. Liegen Ängste oder andere emotionale Probleme beim Kind vor, sollte auch in diesem Fall eine Diagnostik zur Abklärung einer Angststörung oder Emotionalstörung erfolgen. Aufbauend auf den Ergebnissen wird unter Integration der Analyse des Verhaltens und der Emotionen des Kindes der Förderplan konzipiert.

Die individuelle Förderung orientiert sich an den einzelnen Prozessebenen im Lesen: liegen Probleme im Bereich der phonologischen Bewusstheit vor, steht die Förderung in diesem Bereich im Vordergrund. Übungen hierzu erfordern das Identifizieren, Kategorisieren, Segmentieren, Streichen oder Diskriminieren von Silben und Phonemen in Wörtern sowie dem Verbinden von Phonemen zu einem Wort. Auf der darauf aufbauenden Prozessebene, der Graphem-Phonem-Zuordnung, liegen Konzepte vor, wie z. B. die Förderung der Graphem-Phonem-Beziehung im Rahmen des Manuals Hören, lauschen, lernen 2, Lesen und schreiben lernen mit der Hexe Susi oder mit der Online-Förderung Meister Cody:Namagi (▶ Kap. 12.2).

Die Förderung auf der nächsten Leseentwicklungsstufe enthält Aufgaben, Wörter in kleinere sprachliche Einheiten (Silben, Morpheme) zu gliedern, Wortteile (Vorsilbe und Silbenreim, Silben,) wiederholt zu erlesen oder zu Wörtern zusammenzufügen und Wörter zusammenhängend zu lesen. Die Verwendung von sogenannten Pseudowörtern, Wörter, die aus dem Wortschatz entnommen werden und durch das Ersetzen von einzelnen Buchstaben gebildet wurden (z. B. aus Blume wird Blame), kann zusätzlich sehr hilfreich sein. Durch die Verwendung von Pseudowörtern in der Förderung wird insbesondere die wichtige Graphem-Phonem-Zuordnung und die Verbindung der Phoneme gefördert.

Zur Förderung des Leseverständnisses können Übungen, die die Informationsentnahme aus Texten sowie das Verknüpfen des Inhaltes mit bereits vorhandenem Wissen fördern, sinnvoll eingesetzt werden. Das Herausschreiben von Textinhalten oder das Identifizieren und Formulieren von zentralen Aspekten des Inhaltes fördern ebenfalls das Textverständnis.

Auch die Rechtschreibförderung ist an den Prozessebenen des Rechtschreibens orientiert. Liegen Schwierigkeiten im Bereich der phonologischen Bewusstheit vor, wird auch vorrangig zunächst dieser Bereich gefördert. Dies sollte nicht nur auf der verbalen Ebene erfolgen, sondern möglichst früh die Verbindung von Phonem zu Graphem einschließen. Das Üben der Verschriftlichung einzelner Wörter sollte systematisch erfolgen. Dies setzt eine Auswahl des Wortmaterials voraus, das nach Häufigkeit und orthografischen Regelmäßigkeiten ausgewählt werden sollte. Auch hier gilt das allgemeine Prinzip der Förderung, dass zuerst das Häufige geübt werden soll. Das Erkennen von Rechtschreibregelmäßigkeiten lässt sich sowohl durch eine regelgeleitete als auch durch eine morphembasierte Förderung umsetzen. Regelbasierte Förderung vermittelt den Kindern Rechtschreibregeln, die aktiv angewandt werden sollen. Dazu ist es allerdings notwendig, dass die Wortstrukturen (Vor-, Endsilbe, Wortstamm, zusammengesetzte Wörter, Wortarten) geübt und sicher erkannt werden. Für die Textproduktion ist neben einem sicheren Wortschatz das Anwenden von grammatikalischen und syntaktischen Strukturen notwendig.

11.5 Empfehlungen für die Unterrichtspraxis

Für den Anfangsunterricht in den ersten Klassen im Lesen und Rechtschreiben gibt es eine Reihe von Empfehlungen, die durch wissenschaftliche Studien unterstützt werden. Nachfolgend sind sie in der Tabelle 11.1 zusammengefasst.

Die Unterrichtspraxis hinsichtlich des Lesen- und Rechtschreiblernens und welche Methoden angewandt werden, ist in Fachkreisen sehr umstritten. Wissenschaftliche Untersuchungen zur Wirksamkeit der

Tab. 11.1: Empfehlungen und Hinweise für die Unterrichtung im Schriftspracherwerb

Empfehlung	Inhalte	Keine Empfehlung
Systematischer Aufbau der Lesefertigkeiten	Falls nicht ausreichend vorhanden zunächst Aufbau der phonologischen Bewusstheit. Einführung der Phoneme, der Grapheme, der Graphem-Phonem-Verbindung, der silbischen Durchgliederung.	Lernen der Graphem-Phonem Korrespondenz mit Anlauttabelle
Systematischer Aufbau der Rechtschreibfertigkeiten (von der Phonemdifferenzierung bis zum Morphemwissen)	Falls nicht ausreichend vorhanden Aufbau der phonologischen Bewusstheit. Einführung der Phoneme, der Grapheme, der Phonem-Graphem-und der Graphem-Phonem-Verbindung, der silbischen Durchgliederung; Einführung von Basisgraphemen. Einführung orthographischer Prinzipien, Vermittlung der Häufigkeiten der Graphem-Phonem-Zuordnung. Morphemwissen. Häufigkeiten orthographischer Repräsentationen (z. B. von Vorsilben, Endsilben), Häufigkeiten der Positionen von Graphemen im Wort/Morphem. Rechtschreibstrategien (z. B. Verlängern bei der Schreibung von Auslauten)	Keine Empfehlung für die Reichen-Methode »Lesen durch Schreiben«
Strukturierter Aufbau, systematische Wortauswahl gemäß Lernfortschritt und Klassenstufe	Verwendung von Fibeln, Umsetzung des systematischen Schriftsprachaufbau in allen Lernbereichen (z. B. auch in Sachkunde)	Rechtschreiben lernt man nicht durch das Lesen und Lesen nicht durch das Rechtschreiben.

unterschiedlichen Ansätze werden kaum durchgeführt, die Ergebnisse sind widersprüchlich. Es gibt allerdings klare Hinweise für grundlegende Aspekte, die in Tabelle 11.1 zusammengefasst sind. Hierzu gehört, die Unterrichtung an den etablierten Schriftspracherwerbsprozessen zu orientieren, die von abgrenzbaren und aufeinander aufbauenden Lese- und Rechtschreibphasen ausgeht (▶ Kap. 5.1). Im Rahmen dieses Prozessmodells werden die Kinder schrittweise an die einzelnen Entwicklungsstufen herangeführt. Eine Kontroverse existiert über den Silbenansatz, ob primär die Silbe als Strukturmerkmal des Wortes oder das Phonem eingeführt wird. Der Einsatz von Fibeln, die Wörter nach dem Schriftspracheerwerbsprozessmodell einführen und systematisch Grapheme und Phoneme und deren Beziehungen zueinander in den Fokus rücken, haben sich bewährt. Der Aufbau ist nach den Schwierigkeiten des Wortmaterials gegliedert, wobei die Beurteilung des Schwierigkeitsgrades unterschiedlich gehandhabt wird, entweder von der Silbenstruktur oder von der phonematischen Struktur der Wörter ausgehend.

Es gibt Hinweise, dass ein strukturierter, systematisch angeleiteter Schriftspracherwerbsprozess einem Prozess, der überwiegend auf der Selbstständigkeit der Kinder aufbaut und durch das Entdecken von Zusammenhängen wie z. B. Schreibregelmäßigkeiten geprägt ist, überlegen ist. Unterstützt wird dieses Ergebnis durch eine vergleichende Studie von zwei unterschiedlichen Unterrichtskonzepten (Deimel und Schulte-Körne 2016) in den ersten Klassen der Grundschule. Vermutlich profitieren besonders die Kinder von einem strukturierten und systematisch aufgebauten Schriftspracherwerbsprozess, die Risikofaktoren für eine LRS oder die eine Aufmerksamkeitsproblematik haben.

Zusätzlich zu der genauen Beobachtung der Fortschritte im Schriftspracherwerbsprozess ist auch die Beobachtung des Verhaltens und der Emotionen, vor allem in Bezug zum Erfolg beim Lesen und Schreiben notwendig. Der Zusammenhang von Selbstwert, Selbstvertrauen, Motivation, guter Stimmung und Lernerfolg ist wiederholt gezeigt worden. Daher sind die Beziehungsgestaltung der Lehrkraft zum Schüler und der Klasse und ein positives Klassenklima sehr wichtig für den Lernerfolg. Dieses gilt insbesondere für Schüler mit psychischen Belastungen.

11.6 Schulrechtlicher Rahmen

Um Schüler mit einer LRS zu entlasten, bestehen neben den Förderstunden und der individuellen Unterstützung während des Unterrichts und bei den Hausaufgaben die Möglichkeiten der Gewährung von Nachteilsausgleich und Notenschutz.

11.6.1 Formen des Nachteilsausgleichs

Das Prinzip des Nachteilsausgleichs ist, die durch die Lese- und/oder Rechtschreibstörung verursachten Einschränkungen bei den schulischen Anforderungen und Leistungsüberprüfungen zu berücksichtigen. Der Nachteilsausgleich ist ein Instrument zur Durchsetzung der Chancengleichheit, die durch eine Ungleichheit aufgrund einer Behinderung oder Erkrankung entstanden ist. Hiervon abgegrenzt ist der Notenschutz.

Der Nachteilsausgleich erstreckt sich auf konkrete Bereiche des Schriftspracherwerbs, andere Lernbereiche sind davon nicht betroffen, soweit sie keine schriftsprachlichen Anforderungen stellen. Das Lesen von Textaufgaben im Rechnen ist ein Bereich, der zwar nicht primär zum Schriftspracherwerbsprozess gehört, aber bei dem Lesen notwendig ist. Daher erstreckt sich der Nachteilsausgleich auch auf diese Anforderung. Lernprobleme bei Sachaufgaben sind hingegen nicht Gegenstand des Nachteilsausgleichs. Die individuelle Ausgestaltung der Maßnahmen (▶ Tab. 11.2) hängt von dem Schweregrad der Beeinträchtigung, der Form der schulischen Entwicklungsstörung (Lese-, Rechtschreibstörung oder kombinierte Lese- und Rechtschreibstörung) ab und richtet sich auch nach der jeweiligen Klassenstufe.

Der Nachteilsausgleich wird entweder auf Antrag durch die Eltern oder von der Deutschlehrkraft gestellt. Über die Gewährung und den Umfang entscheidet die Schule oder die Klassenkonferenz auf der Basis der schulrechtlichen Regelungen der einzelnen Bundesländer. Meist wird er nur gewährt, wenn eine besondere Schwere der Störung vorliegt und wenn die Leistungen im Fach Deutsch unterdurchschnittlich sind. Dies ist aber im Sinne der Chancengleichheit nicht geboten, wenn man die Lese- und/oder Rechtschreibstörung als eine Behinderung betrachtet, auf die der

11.6 Schulrechtlicher Rahmen

Tab. 11.2: Formen des Nachteilsausgleichs

Inhaltliche und strukturelle Maßnahmen	Umsetzung der Maßnahmen
Zeitverlängerung	Verlängerung der Arbeitszeit beim Lesen von Texten, Verlängerung der Arbeitszeit für das Schreiben von Sätzen und Texten. Umfang des Zeitzuschlags zwischen 25–50 % der vorgesehenen Arbeitszeit. Gewährung von zusätzlichen Pausen.
Leistungsanforderungen	Reduzierung der Hausaufgaben im Fach Deutsch und den Fremdsprachen, soweit sie Lese- und/oder Rechtschreibanforderungen stellen. Statt einer Abschrift von an der Tafel geschriebenen oder projizierten Text Bereitstellung der Texte auf Papier oder andere Ausgleichsmaßnahmen.
Technische Unterstützung	Einsatz von speziellen Arbeitsmitteln, z. B. Laptop, Diktiergerät, Leselineal
Prüfungsbedingungen	Prüfungen in gesonderten Räumen in ruhiger Umgebung; Verlängerung der Prüfungszeit (bis zu 50 %); Verzicht auf Diktate bei der Rechtschreibstörung bzw. Anpassung der Prüfungsanforderung an das individuelle Lese- bzw. Rechtschreibniveau.
Leistungsbewertung	Schriftliche Aufgabenstellungen werden bei einer Lesestörung in allen Fächern vorgelesen, Ersatz von schriftlichen durch mündliche Leistungsfeststellungen und umgekehrt. Bei der Bewertung mündliche und schriftliche Arbeitsformen individuell gewichten. Leistungserhebung ohne erheblichen Schreibaufwand, z. B. durch vorgefertigte Arbeitsblätter oder multiple choice Fragen.
Textgestaltung	Aufgabenvorlagen (Texte) werden lesefreundlich gestaltet (z. B. vergrößerte Buchstaben >12pt, größerer Zeilenabstand).
Persönliche Unterstützung	Zulassung einer Schreibkraft oder einer Begleitperson bei sehr ausgeprägter Rechtschreibstörung.

Artikel III des Grundgesetzes Anwendung findet. Außerdem wird nach einer gewissen Zeit, meist mit dem Wechsel der Schulform (von Grundschule zur weiterführenden Schule) von vielen Schulen die Überprüfung der Voraussetzungen für die Gewährung des Nachteilsausgleich gefordert.

11.6.2 Notenschutz

Der Notenschutz ist eine weitere schulische Maßnahme, um Kinder und Jugendliche mit einer Lese- und/oder Rechtschreibstörung zu entlasten. Diese Maßnahme wird getrennt vom Nachteilsausgleich angewandt. Die Voraussetzungen zur Gewährung unterscheiden sich nicht von denen zum Nachteilsausgleich. Von der Bewertung sind die Rechtschreibfehler bei Prüfungen (Tests, Diktate, Aufsätzen), auch bei Abschlussprüfungen, sowie bei der Lesestörung das Vorlesen im Fach Deutsch und in den Fremdsprachen ausgenommen oder wie in manchen Bundesländern empfohlen, die Rechtschreibleistung (in Deutsch, Fremdsprachen und in den Fächern, in denen die Rechtschreibleistung zur Notenbildung herangezogen wird) zurückhaltend zu bewerten oder die schriftliche Leistungsüberprüfung durch eine mündliche teilweise zu ersetzen. Die Regelungen zur Anwendung und Umsetzung des Notenschutzes ist in den Bundesländern uneinheitlich (▶ Kap. 18). In den Zeugnissen wird die Anwendung des Notenschutzes zur Ermittlung der Note vermerkt. Die Gewährung des Notenschutzes setzt in einzelnen Bundesländern ein fachärztliches Gutachten voraus, das zur Art der Beeinträchtigung, dem Umfang und der Dauer Stellung nimmt.

12 Welche Methoden sind bei der Förderung und Behandlung einer Lese- und/oder Rechtschreibstörung zu empfehlen?

Die Förderansätze lasse sich in Methoden einteilen, die primär bei der Lesestörung oder bei der Rechtschreibstörung eingesetzt werden. Zusätzlich gibt es die Methoden, die im Bereich der Frühförderung eingesetzt werden, und Methoden, die zur Anwendung kommen, wenn psychische Belastungen zusätzlich vorliegen. Die Fördermethoden sind auf das Kind mit der Lese- und/oder Rechtschreibstörung ausgerichtet, können aber auch in Kleingruppen von zwei bis fünf Kinder durchgeführt werden. Die Förderkonzepte sind überwiegend als sogenannte Papier- und Bleistiftkonzepte entwickelt worden, in den letzten Jahren wird zunehmend häufiger eine digitale Förderung angeboten. Wichtig ist die Integration der Eltern in die Förderung, um ihr Kind zuhause zusätzlich zu unterstützen.

Eine LRS-Förderung wird innerhalb der Schule meist als Gruppenförderung und außerschulisch meist als Einzelförderung angeboten. Das Ziel der Förderung ist, dass das Kind mit seiner LRS basale Kompetenzen erwirbt, um mit den alltäglichen Herausforderungen im Lesen und Rechtschreiben gut zurecht zu kommen. Da die Anforderungen in diesen Bereichen in den Schuljahren kontinuierlich zunehmen, begleitet eine LRS-Förderung Kinder nicht selten über mehrere Jahre.

Bei Kinder mit einer LRS, bei denen zusätzlich psychische Probleme oder Erkrankungen vorliegen, ist ein integrativer Förderansatz zu empfehlen. Bei diesem Vorgehen werden Methoden aus dem Bereich der Psychotherapie in die Lernförderung integriert.

12 Methoden bei der Förderung und Behandlung

12.1 Was bedeutet wirksam?

Um eine Verbesserung im Lesen und/oder Rechtschreiben im Verlauf der Förderung zu erzielen, ist es entscheidend, nur Fördermethoden anzuwenden, für die ein Wirksamkeitsnachweis vorliegt. Untersuchungen zur Wirksamkeit sind jedoch bei Fördermethoden im Bereich LRS nicht vorgeschrieben, sodass viele Förderkonzepte angewandt werden, für die kein Wirksamkeitsnachweis vorliegt. Dies bedeutet zwar nicht, dass diese Förderkonzepte nicht wirksam sind, aber der Nachweis ist bisher nicht erbracht. Ferner fehlen Untersuchungen zu der Frage, für wen welche Förderung geeignet ist.

Was bedeutet aber wirksam? Um diese Frage zu beantworten, werden Studien mit Kindern mit einer Lese- und/oder Rechtschreibstörung durchgeführt, die z. B. in zwei Gruppen aufgeteilt werden: die eine Gruppe erhält die zu untersuchende Förderung, die andere erhält entweder keine oder eine Art Placebointervention. Untersucht wird der Vergleich der Lese- und/oder Rechtschreibleistung vor und nach der Behandlung, meist auch noch einmal im weiteren Verlauf. Um die Wirksamkeit aufzuzeigen, muss die Förderung bedeutsam der Nicht- oder Placebobehandlung überlegen sein. Entscheidend für diese Beurteilung ist allerdings, wie der Erfolg gemessen wird. Bei der Lesestörung sollte sich durch die Förderung die Lesegeschwindigkeit bedeutsam verbessert haben, bei der Rechtschreibung sollte die Anzahl der Rechtschreibfehler bedeutsam abgenommen haben. Außerdem muss die Durchführung der Förderung standardisiert sein, dies bedeutet, dass die Inhalte der Förderung und wie sie durchgeführt werden schriftlich festgelegt und überprüfbar sind.

Oft wird von der Wirksamkeit einer Förderung gesprochen und damit geworben, ohne dass eine entsprechende Studie durchgeführt wurde. Die Wirksamkeitsaussage beruht dann meist auf den sehr positiven Einzelfallerfahrungen der Therapeuten. Diese Bewertung ist aber nicht ausreichend, auch wenn die Therapeuten viele positive Einzelverläufe der Lese- und Rechtschreibentwicklung mithilfe standardisierter Tests vorweisen. Leider gibt es immer die Möglichkeit, dass die Ergebnisse verzerrt sind, z. B. durch die subjektive Betrachtung (der Therapeut beurteilt sich selbst), durch die Anwendung nicht geeigneter Methoden für die Messung des Therapieeffektes oder durch den Bericht von selektiven Verläufen (es werden nur positive Verläufe berichtet). Aber auch andere methodische Probleme kommen hier in Betracht, sodass allgemein die Regel gilt, dass die Personen, die persönlich die Therapie durchführen nicht gleichzeitig auch die Wirksamkeit dieser Therapie beurteilen sollten.

12.2 Förderung bei der Lesestörung

Die Leseförderung orientiert sich an dem individuellen Leseentwicklungsniveau des Kindes. Allerdings gehört die Steigerung der Lesegeschwindigkeit fast immer zu den zentralen Förderzielen. Die Leseförderung sollte vergleichbar zu den Entwicklungsstufen des Lesens aufgebaut sein. Selbstverständlich setzt die gezielte Leseförderung die fundierte Diagnostik voraus. Das Ergebnis der Diagnostik zeigt, welche Entwicklungsschritte das Kind im Lesen bewältigt hat oder nicht und wie ausgeprägt die Lesestörung ist. Eine basale Kompetenz in der Leseentwicklung ist die Graphem-Phonem-Zuordnung. Ist diese nur unzureichend erworben, setzt hier die Förderung an. Damit die Förderung auf dieser Lesestufe erfolgreich ist, muss sichergestellt sein, dass das zu fördernde Kind die Buchstaben und die Laute unterscheiden kann. Übungen zur Zuordnung von Graphem zu Phonem beginnen zunächst mit einfachen, kurzen Wörtern. Dies bedeutet, dass zu Beginn leichte Aufgaben durchgeführt werden. Das ist ein grundlegendes Prinzip der Förderung: Vom Leichten zum Schweren! Auch wenn die Schwierigkeitseinschätzung individuell unterschiedlich sein mag, so gibt es doch von vornherein eine Differenzierung, was eine einfachere und was eine schwierigere Anforderung an das Kind ist. Die erste Schwierigkeit bei diesen Zuordnungs-Übungen entsteht, wenn statt Buchstaben Grapheme eingeführt werden. Dies bedeutet, dass das Kind lernt, dass auch mehrere Buchstaben zusammen nur einem Phonem zugeordnet werden. Hinzu kommt die Einführung des Diphthongs (z. B. au, ei), der ebenfalls durch ein Phonem repräsentiert wird.

Für die Leseentwicklung ist die Wortdurchgliederung in Silben ein weiterer wichtiger Schritt, der auch in der Förderung angewandt wird. Bei diesem Förderansatz ist die Wortauswahl wichtig und auch hier gilt, vom Einfachen zum Schweren. Die Förderung des silbischen Lesens kann unterstützend auch zuhause durch die Eltern unter Anleitung durchgeführt werden, was die Intensität der Förderung sinnvoll verstärken kann.

Ein Prozess, der in der Leseförderung oft angewandt ist, ist der systematische Wortaufbau. Dies bedeutet, dass die Kinder zunächst mit den Anlauten (Wortanfang) konfrontiert werden, die eine einfache Konsonant-Vokal (K-V)-Struktur (wie z. B. das Ma in Mama) aufweisen. Die Steigerung der Schwierigkeit besteht in komplexeren Wortstrukturen, wie z. B. K-K-V (Stu in Stunde), K-K-K-V (Schu in Schulter) oder K-V-K-K (Kell in Keller).

Durch das Lesen von Wortteilen und Wörtern wird in der Förderung versucht, ein Wortlexikon aufzubauen. Durch die Hervorhebung von Strukturmerkmalen der Wörter, wie der Silbe, des Reims (Wortendung) und des Morphems wird das Erkennen und Behalten von wiederkehrenden orthografischen Mustern und ihren lautlichen Entsprechungen geübt. Unterstützt wird dieser Prozess durch eine Auswahl und Sortierung von Wörtern nach ihren Strukturmerkmalen, sodass beim Wiederholen von solchen Wortlisten die Bildung eines Wortgedächtnisses unterstützt wird. Diese Art von Training wirkt sich auch positiv auf die Lesegeschwindigkeit aus, da der automatisierte Zugriff auf die Wortrepräsentation im Gedächtnis verbessert wird.

Kinder mit einer Lesestörung können manchmal den Inhalt des Satzes und eines Textes erschließen, auch wenn sie nicht jedes Wort richtig lesen bzw. einzelne Wörter gar nicht lesen können. Diese Strategie des Leseverstehens ist dann erschwert, wenn der zu lesende Text eine komplexe Satzstruktur hat, seltene Wörter enthält oder besonders lang ist. Strategien, die helfen, einen Text zu verstehen, sind Strukturierungshilfen des Textes (z. B. Überschriften, Absätze und Satzanfänge markieren oder hervorheben) und Strategien beim Textlesen (Überprüfen bei Unstimmigkeiten des Inhaltes, der Satzstruktur). Wirksam ist auch das mündliche und schriftliche Zusammenfassen von Aussagen und Textabschnitten.

Bei allen Förderstrategien sollte berücksichtigt werden, dass das Kind nach der Instruktion und Anleitung aktiv übt und dabei verstärkt wird. Es geht also nicht nur um das Wiederholen von angelerntem Wissen, sondern um die Anwendung dieses Wissens. Dabei spielt eine positive Verstärkung eine große Rolle (▶ Kap. 13.2). Gelingt dem Kind die Selbststrukturierung beim Lesen und Rechtschreiben, ist ein wichtiger Förderschritt erreicht und umgesetzt.

12.3 Förderung bei der Rechtschreibstörung

Die Förderung der Rechtschreibung setzt vergleichbar der Förderung beim Lesenlernen an dem Stufenmodell des Rechtschreibens an. Liegen die notwendigen Voraussetzungen für das Rechtschreiblernen noch nicht vor (▶ Kap. 11.2), dann sollten zunächst diese gefördert werden (Förderung der phonologischen Bewusstheit). Der wichtige Basisprozess ist die Phonem-Graphem-Zuordnung, der gefördert wird. Dieser basiert auf der Fähigkeit zur Laut- und Buchstabenunterscheidung. Durch die im Vergleich zur Graphem-Phonem Korrespondenz deutlich höhere Unregelmäßigkeit im Deutschen der Phonem-Graphem-Zuordnung ist dieser Prozess schwieriger zu bewältigen. Aufgrund der hohen Inkonsistenz der Phonem-Graphem-Zuordnung ist es hilfreich, in der Förderung die häufigen Korrespondenzen zu üben. Ein typisches Beispiel ist schriftliche Darstellung des Lautes /i:/, auch das lang gesprochene i genannt. Hier ist nicht, wie oft noch in Fibeln zu finden ist, der Buchstabe i die häufige Verschriftlichung, sondern die Buchstabenkombination ie (▶ Tab. 12.1).

Tab. 12.1: Beispielhafte Darstellung der Verschriftlichung von Lauten in häufige und seltene Grapheme (nach Thomé und Thomé 2016)

Laut	Häufige Verschriftlichung (Graphem)	Seltene Verschriftlichung (Graphem)
/i:/	ie	i, ih
/o:/	o	oh, oo

Tab. 12.1: Beispielhafte Darstellung der Verschriftlichung von Lauten in häufige und seltene Grapheme (nach Thomé und Thomé 2016) – Fortsetzung

Laut	Häufige Verschriftlichung (Graphem)	Seltene Verschriftlichung (Graphem)
/a:/	a	ah, aa
/e:/	e	eh, ee
/t/	t	tt, th, d, dt
/f/	f	ph, v, ff

Dieses Basiswissen und dessen Anwendung hilft, im Bereich Phonem-Graphem-Zuordnung dem Kind mit der Rechtschreibstörung eine größere Sicherheit zu vermitteln.

Ein weiterer Förderbereich der Rechtschreibung ist der Aufbau der orthografischen Bewusstheit. Zu diesem Bereich gehört das Wissen über Regelmäßigkeiten der Schriftsprache, das Erkennen der Wortstruktur und die Anwendung des orthografischen Wissens bei der Verschriftlichung. Die Durchgliederung von Wörtern kann unterschiedlich erfolgen, neben der silbischen Durchgliederung (z. B. ver-lie-ben) wird die Durchgliederung nach funktionellen Einheiten vorgenommen, z. B. in Vorsilbe, Wortstamm, Endsilbe (z. B. ver-lieb-en). Die Durchgliederung nach funktionellen Einheiten von Wörtern ist eine Förderstrategie, die den Kindern hilft, Rechtschreibregelwissen auf bestimmte Wortbestandteile anzuwenden. So wird beispielsweise die Regel zur Schreibung der Mitlaute (Konsonanten) (zwei gleiche oder zwei verschiedene Mitlaute) nach einem kurz gesprochenen Vokal im Wortstamm sinnvoll angewandt. Die Abbildung 12.1 zeigt ein Beispiel für die Regeldarstellung und Anwendung aus dem Marburger Rechtschreibtraining.

Das gezielte Fördern des Erkennens von Morphemen ist eine weitere Förderstrategie bei der Rechtschreibstörung. Auf dieser Stufe in der Förderung anzusetzen ist aber nur dann sinnvoll, wenn die zuvor zu erreichenden Entwicklungsstufen des Rechtschreibens beherrscht werden. Im Zentrum der morphematischen Förderung steht das Erkennen des Stammmorphems, das im Übungsmaterial meist farbig abgegrenzt oder anders

12.3 Förderung bei der Rechtschreibstörung

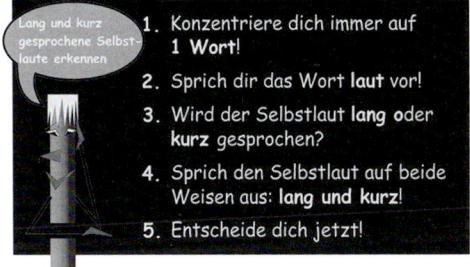

Abb. 12.1a und b: Beispiel für eine Rechtschreibregel- (a) und einer Lernkarte (b) aus Marburger Rechtschreibtraining (Schulte-Körne und Mathwig 2019)

sichtbar hervorgehoben wird. Ziel ist, dass durch häufiges Wiederholen und Sichtbarmachung die Stammmorpheme besser und schneller erkannt werden. Da diese Morpheme immer die gleiche Rechtschreibung haben, profitieren Kinder mit einer Rechtschreibstörung sehr von diesem Wissen.

Ein Förderkonzept bei der Rechtschreibstörung, insbesondere auch für Wörter, für die es keine Rechtschreibregeln gibt, ist das Anlegen und Verwenden einer Wortkartei, um über das häufige Lesen und Abschreiben dieser Wörter zur richtigen Verschriftlichung zu gelangen. Hintergrund ist, dass dadurch ein Gedächtnisprozess ausgelöst wird, der zur Abspeicherung der Verschriftlichung dieser Wörter führt. Generell ist der Aufbau eines Wortlexikons hilfreich, das nicht nur, wie für das Lesen schon beschrieben, auch für die Rechtschreibung unterstützend ist. Hierbei ist wichtig, dass die Kinder nicht nur die Wörter beim Erlernen laut vorsprechen, sondern auch schreiben.

Die Förderung der Textproduktion ist ein bisher kaum in der Rechtschreibförderung berücksichtigter Förderansatz, obwohl es ein wichtiges Ziel der Förderung ist, orthografisch richtig geschriebene Texte zu erstellen. Dies setzt voraus, dass die geförderten Kinder in der Lage sind, sicher das Wissen der vorherigen Rechtschreibentwicklungsstufen anwenden zu können. Wenn ein Kind jedoch bei der Wortschreibung sehr verlangsamt ist, weil es darüber nachdenkt, wie der Laut verschriftlicht wird oder auf welchen Teil des Wortes die Rechtschreibregel angewandt werden soll, dann wird der Produktionsprozess sehr mühsamen sein und meist nicht zu einer vollständigen Textproduktion führen. Hilfreich ist, sich vorher in Stichworten Gedanken zum Text, den man erstellen will, aufzuschreiben. Außerdem sollte die Wortauswahl eher einfache Wörter (häufige Wörter, kurze Wörter) umfassen.

Insgesamt, und dies trifft auch für die Leseförderung zu, benötigt ein Förderprozess viel Zeit und Geduld, auf beiden Seiten, der des Kindes und der Person, die die Förderung durchführt. Wichtig ist, immer ein realistisches Förderziel vor Augen zu haben. Die individuellen Ziele sollten transparent mit dem Kind und seinen Eltern besprochen werden.

13 Hilfen bei psychischen Problemen

Psychische Probleme sind bei der Lese- und/oder Rechtschreibstörung nicht selten (▶ Kap. 6). Zu den häufigen psychischen Belastungen gehören die Ängste, die Selbstwertprobleme, traurige und gedrückte Stimmung, Aufmerksamkeitsprobleme und eine motorische Unruhe. Die psychischen Probleme treten, abhängig vom Alter, unterschiedlich häufig auf. Im Grundschulalter sind es am häufigsten Ängste und Verhaltensprobleme, im Jugendalter traurige Stimmung und Depression und Verhaltensstörungen in Form von dissozialem Verhalten. Die Behandlung dieser psychischen Probleme und Erkrankungen erfordert fachliches Wissen und Erfahrung, sodass zunächst eine fachärztliche Diagnostik zu empfehlen ist. Auf der Basis der Untersuchungsergebnisse kann festgestellt werden, ob es erste Symptome einer psychischen Erkrankung sind oder ob bereits eine behandlungsbedürftige Erkrankung vorliegt. Liegt eine psychische Erkrankung vor, sollte eine Behandlung zusätzlich zur Lerntherapie durchgeführt werden. Die Behandlung richtet sich nach dem Schweregrad, der Dauer der Erkrankung und der bisher durchgeführten Behandlung. Vorrangig kommen bei psychischen Erkrankungen im Kindes- und Jugendalter psychotherapeutische Methoden zum Einsatz. Bei manchen Erkrankungen, wie der ADHS, ist eine Kombination aus einer medikamentösen und psychotherapeutischen Behandlung zu empfehlen. In jedem Fall ist es notwendig, dass die Lerntherapeuten sich mit den Therapeuten, die die psychische Erkrankung behandeln, austauschen und abstimmen. Zusätzlich ist empfehlenswert, dass die Lerntherapie entsprechend den psychischen Belastungen und Erkrankungen angepasst wird.

13 Hilfen bei psychischen Problemen

13.1 Lerntherapie bei Ängsten und trauriger Stimmung

Kinder mit einer Lese- und/oder Rechtschreibstörung können viele Ängste mit unterschiedlicher Ausprägung haben. Dies sind Ängste vor dem Versagen bei Prüfungen, Ängste vor sozialen Kontakten, Ängste vor der Schule. Bei einem Teil der Kinder entstehen Ängste erst im Verlauf des Schulbesuchs als Folge des kontinuierlichen Erlebens der Schwierigkeiten im Lesen und Rechtschreiben. Herabsetzende und bloßstellende Reaktionen von Mitschülern und zum Teil auch von Lehrkräften können Ängste vor solchen Situationen und Erlebnissen auslösen und verstärken. Diese Ängste führen zu vermeidendem Verhalten vor angstauslösenden Situationen, sodass, bei Fortbestehen dieser belastenden Situation ohne Hilfen und Behandlung, Kinder mit einer Angststörung nicht mehr zur Schule gehen wollen. In dieser Situation ist eine kinder- und jugendpsychiatrische und -psychotherapeutische Behandlung zu empfehlen. Diese setzt den Schwerpunkt auf den Wiederbesuch der Schule, wobei die Veränderung der belastenden Situation sowie die Behandlung der Ursachen der Ängste des Kindes im Vordergrund stehen.

Liegen vorrangig Versagens- und Prüfungsängste vor, stehen diese im Fokus der meist ambulant durchgeführten kinderpsychotherapeutischen Behandlung. In der Lernförderung spielen diese Ängste eine große Rolle, da zusammen mit Schulängsten negative Gedanken in Form von »Das schaffe ich überhaupt nicht!«, »Dies ist viel zu schwer für mich!« oft vorliegen und die Durchführung von Aufgaben und Übungen in der Lernförderung beeinträchtigen. Dies erfordert den Einsatz psychotherapeutischer Methoden in der Lerntherapie, um einen Erfolg der Lernförderung zu erzielen.

Parallel sollte mit den Lehrkräften an der schulischen Belastungssituation von den Schülern gearbeitet werden. Im Vordergrund steht zunächst, das Verständnis für die Ängste und die Angststörung bei der Lehrkraft zu schaffen, über die Ursachen zu informieren und gemeinsam an einer Veränderung der schulischen Situation für den Schüler zu arbeiten.

Depressive Gedanken finden sich bei Grundschulkindern eher selten, eine Depression tritt meist erst bei älteren Kindern auf. Im Vordergrund der

13.1 Lerntherapie bei Ängsten und trauriger Stimmung

Symptomatik stehen nicht selten zu Beginn das Nachlassen der Aufmerksamkeit, eine gedrückte Stimmung, fehlender Antrieb und Müdigkeit. Die Gedanken kreisen nicht selten um Schuld und Angst vor dem Versagen und der Zukunft. Abbildung 13.1 zeigt beispielhaft, wie depressive Gedanke und Symptome im Kontext von schulischem Versagen bei der LRS entstehen können und zunehmen.

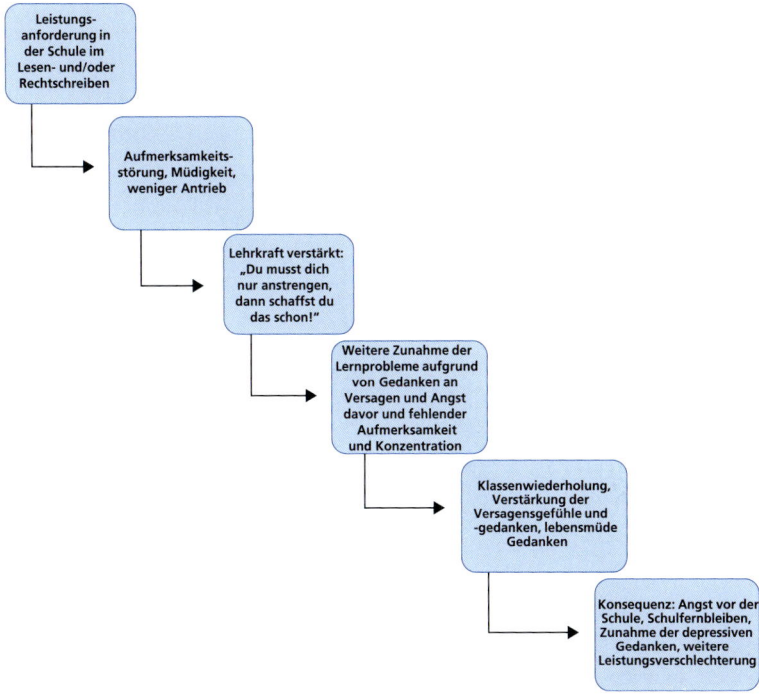

Abb. 13.1: Phasenmodell der Entwicklung depressiver Symptome bis zur depressiven Störung im Zusammenhang mit einer Lernstörung

Liegt eine depressive Symptomatik vor oder eine depressive Störung, ist das therapeutische Vorgehen vergleichbar zur Behandlung bei Ängsten und der Angststörung. Ist die Belastung nicht so ausgeprägt, kann die depressive Episode ambulant behandelt werden und eine Integration von psychotherapeutischen Methoden in die Lerntherapie wird empfohlen. Liegt eine deutlich ausgeprägtere, länger bestehende depressive Phase vor, ist bei Kindern und Jugendlichen mit einer Lese- und/oder Rechtschreibstörung eine stationäre Behandlung sinnvoll. Um sich über die aktuellen, wissenschaftlich abgesicherten Behandlungsempfehlungen zu informieren, liegt eine Leitlinie zur Behandlung der Depression (»Behandlung depressiver Störungen bei Kindern und Jugendlichen«, www.awmf.org/leitlinien/detail/ll/028-043.html) vor.

Für die Lerntherapie ist es wichtig, die psychische Symptomatik des Kindes zu erkennen und diese auch im Förderkonzept zu berücksichtigen. Zu Beginn der Förderung steht daher erstmal Vertrauen zu schaffen und eine tragfähige Beziehung aufzubauen. Lernübungen stehen zunächst nicht im Fokus, sondern Methoden der Psychotherapie, die helfen, eine längerfristige tragfähige therapeutische Beziehung zu dem Kind mit der LRS aufzubauen. Aufgrund der Versagenserfahrungen und -gedanken ist es wichtig, die Übungen so zu gestalten, dass das Kind von Anfang an Erfolge erzielt und darin positiv verstärkt wird.

13.2 Hilfen bei Lernblockaden

Die Ursachen von Lernblockaden können sehr unterschiedlich sein, daher ist es für die Planung und Durchführung der Behandlung besonders wichtig zu verstehen, was die Lernblockaden auslöst. Eine Lernblockade äußert sich meist in einer ausgeprägten Angst vor spezifischen Anforderungssituationen, die mit dem Gefühl der kompletten Leere im Kopf und körperlichen Symptomen, wie z. B. Herzrasen, Schwindel, kalte und nasse Hände einhergehen. Die Lernblockade führt dazu, dass die gestellte Aufgabe nicht oder nur teilweise gelöst werden kann. Meist geht der Lernblockade das wiederholte Erleben des Scheiterns des Kindes an spezifischen Leistungsanforderungen im Lesen und/oder Rechtschreiben voraus. Verbunden sind Lernblockaden mit negativen, belastenden und immer wiederkehrenden Gedanken um die eigene Leistungsfähigkeit in der Art, »ich schaffe das sowieso nicht«, »ich bin doch zu dumm dafür«, »der Lehrer hat doch recht, ich lerne zu wenig«.

Die Kinder erleben eine Bestätigung dieser dysfunktionalen Gedanken durch das Scheitern an der Aufgabe. Mit der Zeit verfestigen sich diese Gedanken, die letztendlich das Entstehen der Lernblockade begünstigen.

Zu Beginn der Behandlung der Lernblockade steht daher eine detaillierte Analyse, wann, wo und wie die Lernblockade entsteht. Um die spezifische Überforderung zu verstehen, sollte eine ärztlich-psychologische geleitete Diagnostik durchgeführt werden. Tabelle 13.1 zeigt verschiedene Konstellationen auf, die zu Lernblockaden des Kindes führen können.

Tab. 13.1: Mögliche Ursachen von Lernblockaden und die Reaktionen des Kindes mit Schwierigkeiten im Lesen und/oder Rechtschreiben

Mögliche Ursachen	Verhalten des Kindes
Leistungsüberforderung	Aufgaben werden nur unvollständig angefertigt, Lösungen passen nicht zur Aufgabenstellung.
Hohe Leistungserwartung in der Familie	Kind hat Angst, schlechte Noten nach Hause zu bringen, versteckt Hefte mit Prüfungsergebnissen, trödelt auf dem Weg von der Schule nach Hause.
Belastende Erlebnisse in der Schule	Angst vor der Klasse und den Mitschülern, da sie sich immer wieder über die Lese- und/oder Rechtschreibleistung des Kindes lustig machen. Angst vor der Lehrkraft, die wieder bei der Mitteilung der Noten des Diktates seinen Namen und die Note vor allen erwähnt.
Prüfungsangst	Aufgrund der bereits mehrfach erlebten Angst in der Prüfung entsteht zunehmend die Angst vor der Angst.

Auf der Basis der Diagnostik können konkrete Handlungsempfehlungen abgeleitet werden, die dem Kind helfen, mit den Lernblockaden besser umzugehen und sie abzubauen. In den meisten Fällen ist eine professionelle, psychotherapeutische Behandlung notwendig. Ziel sollte sein, so schnell wie möglich zu reagieren und nicht abzuwarten, bis sich die Ängste verfestigt haben. Zu den wirksamen Behandlungsansätzen gehört die Reduktion der Angst durch das Verändern der belastenden Gedanken, des Verstehens des Zusammenhangs der körperlichen Symptome mit den negativen Gedanken, das Erlernen sich zu entspannen sowie die Veränderung des Verhaltens des psychosozialen und schulischen Umfeldes. Sowohl Eltern als auch die Lehrkraft werden über die Vermittlung eines Störungsmodells der Lernblockade und den damit verbundenen Ängsten des Kindes veränderte Reaktionen auf das Verhalten des Kindes entwickeln. Angstverstärkendes Verhalten soll durch sozial und emotional entlastendes und unterstützendes Verhalten ersetzt werden. Auf der Basis psychotherapeutischer Methoden gelingt es meist sehr gut, die Lernblockaden abzubauen. Wichtig für den weiteren Verlauf ist, dass das Kind erlernt, mit den stressauslösenden Situationen zukünftig besser umzugehen. Hinsichtlich der schulischen Anforderung im Bereich Lesen und Rechtschreiben sind schulische Entlastungs- und Unterstützungsmaßnahmen wie individuelle Unterstützung, Nachteilsausgleich und Notenschutz anzuwenden.

13.3 Hilfen für Kinder mit Aufmerksamkeitsproblemen

Die Förderung und Behandlung einer Lese- und/oder Rechtschreibstörung bei Kindern mit einer Aufmerksamkeitsdefizit-Hyperaktivitätsstörung (▶ Kap. 6.3) oder bei einer Aufmerksamkeitsstörung ist komplex und bedarf entsprechender Fachlichkeit und Erfahrung. Bereits bei der Diagnosestellung sollte klar unterschieden werden, ob die Problematik des Kindes tatsächlich auf eine ADHS zurückgeführt werden kann oder ob eine Aufmerksamkeitsproblematik aufgrund der schulischen Überforderung und der häufig erlebten Versagenserlebnisse vorliegt. Für die Behandlung und Förderung bedeutet diese Unterscheidung, dass bei einer schulischen

Überforderung primär hier der Fokus der Behandlung auf der schulischen Entlastung liegen sollte. Liegt aber primär eine ADHS vor und führt die ADHS aufgrund der Symptomatik mit geringerer Aufmerksamkeitsspanne, eingeschränkter Daueraufmerksamkeit, motorischer Unruhe und impulsiven Verhalten zu den Lern- und Leistungsproblemen, so steht die Behandlung der ADHS im Vordergrund. Hierfür liegt eine aktuelle Behandlungsleitlinie vor, die die wissenschaftlich fundierten Empfehlungen für die Behandlung der Kinder mit ADHS zusammenfassend darstellt (ADHS bei Kindern, Jugendlichen und Erwachsenen: www.awmf.org/leitlinien/detail/ll/028-045.html).

Hat ein Kind eine ausgeprägte ADHS und eine LRS, so ist das Förder- und Behandlungssetting daran anzupassen. Die Dauer der einzelnen Übungen muss entsprechend der Aufmerksamkeitsspanne verkürzt werden, eine klare und strukturierte Anleitung der Übungen ist notwendig. Kinder mit einer ADHS profitieren oft von einem Verstärkerplan, der durch unmittelbare Belohnung die Kinder motiviert, Aufgaben und Übungen zu bewältigen.

13.4 Was nicht hilft!

Es gibt eine Reihe von Therapiemethoden, die nicht empfohlen werden können. Grund hierfür ist, dass es keine Wirksamkeitsstudie gibt oder das eine Wirksamkeit für die Behandlungsmethode nicht nachgewiesen werden konnte. Nicht selten sind die theoretischen Grundlagen für die Behandlung nicht vorhanden oder nicht begründet. Die S3-Leitlinie »Diagnostik und Behandlung bei der Lese- und/oder Rechtschreibstörung« fasst diese methodischen Ansätze zusammen und bewertet sie.

Die Tabelle 13.2 fasst die wesentlichen Empfehlungen der Leitlinie zusammen.

Es gibt eine Vielzahl von Therapieangeboten aus dem Bereich der Wahrnehmungstrainings und unterstützenden Maßnahmen bei der LRS, die eine schnelle Hilfe oder sogar Heilung versprechen. Diese Aussagen sind unseriös und sollten nicht dazu verleiten, die Förderkonzepte nicht anzuwenden, die bereits erprobt und wissenschaftlich fundiert sind. Letztendlich verliert man mit dem Einsatz unwirksamer Methoden wichtige Zeit für die Förderung, zusätzlich sind die Kinder und ihre Familien über den ausbleibenden Fördereffekt auf die Lese- und Rechtschreibentwicklung enttäuscht und die Lese- und Rechtschreibproblematik nimmt noch zu.

Tab. 13.2: Beispiele für Therapiemethoden, die nicht empfohlen werden

Methoden	Beispiele
Auditive Wahrnehmungstraining	Tonhöhenunterscheidung, Ordnungsschwellentraining, Lautstärkenunterscheidung von Tönen, Unterscheidung der Reihenfolgen von Tönen bei beidohriger Präsentation
Visuelles Wahrnehmungstraining	Unterscheidung von grafischen Mustern, Training der Blickbewegung
Audio-visuelle Integration	Verbindung visueller Farbreize mit Tonhöhen
Nahrungsergänzungsmittel	Omega-3-Fettsäuren
Homöopathische Ansätze	Verschiedene Substanzen nach individueller Diagnostik
Kinesiologie	Körperbetonte Übungen nach Tests (Muskeltest), Übungen zur Integration der beiden Hirnhälften
Irlen Linsen oder Farbfolien	Farbfilter zur Auflage auf Texten nach individueller Diagnostik zur Frage, mit welcher Farbe das Kind die Schrift besser erkennt.

14 Was sind die Ursachen für eine Lese- und/oder Rechtschreibstörung?

Die Ursachen der Lese- und/oder Rechtschreibstörung werden seit Jahrzehnten beforscht, ohne dass bisher eine Ursache gefunden wurde, die kausal die Probleme erklären kann. Ein Grund hierfür ist, dass es sich bei der LRS um komplexe Störungen handelt, die sich in verschiedenen Lern- und Leistungsbereichen manifestieren. Bei der Lesestörung liegt die zentrale Problematik in der Lesegeschwindigkeit, allerdings finden sich oft auch Probleme im Bereich der Sprachwahrnehmung und -verarbeitung, des schnellen Abrufs von Wortwissen aus dem Wortgedächtnis und der phonologischen Verarbeitung. Vermutlich haben die Problembereiche, die gemeinsam mit der Lesestörung auftreten, nicht die gleiche Ursache, jedoch ist diese Frage bis heute ungeklärt.

Ein weiterer Grund ist, dass die dem Lesen und Rechtscheiben zugrunde liegenden Prozesse im Gehirn stattfinden, das zwar mit den bildgebenden Verfahren recht gut untersucht werden kann, jedoch für die Ursachenforschung auf zellulärer Ebene nicht zugänglich ist. Daher werden kausale Modelle der LRS auch schwer zu entdecken sein.

Häufig wird von Ursachen der LRS berichtet, obwohl es im kausalen Sinne keine Ursachen sind, sondern Beschreibung von veränderten Prozessen. Hierzu gehört auch die Beschreibung von veränderten Hirnfunktionen, z. B. im Bereich der Sprach- und Wortverarbeitung.

Auf molekulargenetischer Ebene versucht man seit vielen Jahren genetische Veränderungen zu finden, die in einem ursächlichen Zusammenhang mit der LRS stehen.

14 Was sind die Ursachen für eine Lese- und/oder Rechtschreibstörung?

14.1 Gibt es genetische Ursachen?

Eine sehr häufige Beobachtung ist, dass die LRS gehäuft in Familien auftritt. Meist ist ein Geschwister und/oder ein Elternteil betroffen, nicht selten finden sich auch in der Groß- und Urgroßelterngeneration Hinweise auf Schulprobleme im Lesen und/oder Rechtschreiben, ohne dass in diesen Generationen eine Diagnose gestellt wurde. Systematische Familienuntersuchung bestätigen die Beobachtung der familiären Häufung. Nun bedeutet dies nicht zwangsläufig, dass die Gründe für die familiäre Häufung genetisch sind. Um die Frage der Erblichkeit zu klären, helfen Zwillingsstudien. Denn der Vergleich von eineiigen mit zweieiigen Zwillingen kann Aufschluss darüber geben, wie hoch die Erblichkeit der Lese- und Rechtschreibfähigkeit und der Lese-/Rechtschreibstörung sind. Für die Lesestörung liegt sie bei 60 %, für die Rechtschreibstörung bei ca. 70 %. Diese hohe Erblichkeit legt nahe, dass es genetische Mechanismen geben muss, die diese Erblichkeit erklären.

Mittels molekulargenetischer Methoden wird das Genom der Kinder mit einer LRS untersucht und mit dem Genom von Kindern ohne LRS verglichen. Bei diesen Untersuchungen findet man tatsächlich Unterschiede in einzelnen Genen bzw. in Genabschnitten. Die wichtige Frage ist, ob sich diese Veränderungen auch in der Funktionalität der Gene auswirken. Dies ist bei einzelnen, wenigen Genen wahrscheinlich, die eine Rolle bei der frühen Gehirnentwicklung haben. Eine viel beachtete Hypothese ist, dass durch die Funktionsänderung einzelner Geneabschnitte in einzelnen Gehirnregionen, die wichtig für die Sprachverarbeitung sind, es zu Funktionseinbußen kommt, die später beispielsweise durch eine geringere phonologische Bewusstheit das Entstehen einer Lese-/Rechtschreibstörung begünstigen.

Bisher können einzelne Genveränderungen die LRS nur in sehr geringem Umfang erklären, meist weniger als 1 % der Lese-/Rechtschreibstörung. Der aktuelle Forschungsstand unterstützt die Hypothese, dass erst viele Genveränderungen zusammen an verschiedenen Orten im Genom in der Lage sind, die Erblichkeit der Lesestörung zu einem höheren Anteil zu erklären. Es sprechen einige Beobachtungen dafür, dass die genetischen Veränderungen das Erkrankungsrisiko erhöhen, dass aber weitere Faktoren notwendig sind, damit es zu einer Lese- und/oder Rechtschreibstörung kommt. Welche das sind, ist bis heute kaum untersucht.

14.2 Wie arbeitet das Gehirn beim Lesen

Lesen und Schreiben sind sehr komplexe Fertigkeiten, bei denen verschiedene Gehirnareale (▶ Abb. 14.1) beteiligt sind. Erstaunlich ist, wie schnell einzelne Prozesse des Lesens und Schreibens ablaufen und wie sehr die Gehirnregionen miteinander dabei vernetzt arbeiten. Der Leseprozess beginnt bereits mit den Augenbewegungen und der Abbildung der Buchstaben und Wörter auf der Netzhaut. Von der Netzhaut wird die Sehinformationen über den Sehnerv zum visuellen Cortex geleitet, dem Occipitalcortex. Diese Region wird aufgrund ihrer Lage im Gehirn auch Hinterhauptslappen genannt. Dort werden aber nicht primär Wörter verarbeitet, sondern viele physikalische Eigenschaften der Schriftzeichen, wie z. B. Lage, Größe, Kontrast. Nachdem diese Informationen verarbeitet und weitergeleitet werden, generieren andere Gehirnregionen im occipitalen Cortex aus dieser Information erste Schriftzeichen. In einer weiteren Region, dem Übergang von occipitalen Cortex zum Schläfenlappen (Temporalcortex), wird die visuelle Information mit der auditiven verbunden und die Wörter generiert.

Sprachwahrnehmung und -unterscheidung sowie das Sprach- und Lautgedächtnis sind in einer anderen Gehirnregion, dem Temporallappen und Parietallappen des Gehirns, abgebildet. Beim Lesenlernen müssen nun die Gehirnregionen der visuellen Informationsverarbeitung mit den Gehirnregionen der Sprachverarbeitung miteinander verbunden werden. Diese Verbindung geschieht über die sogenannten weißen Bahnen. Der Name ist durch die Farbe der Faserverbindung im Gehirn begründet. Damit diese Verbindung schnell und effizient funktioniert, braucht es viel Übung. Diese führt dazu, dass die Verbindungen zwischen den Gehirnarealen schneller und ungestört funktionieren. Allerdings braucht ein Leseprozess auch Aufmerksamkeitsressourcen und eine Lesestrategie, die

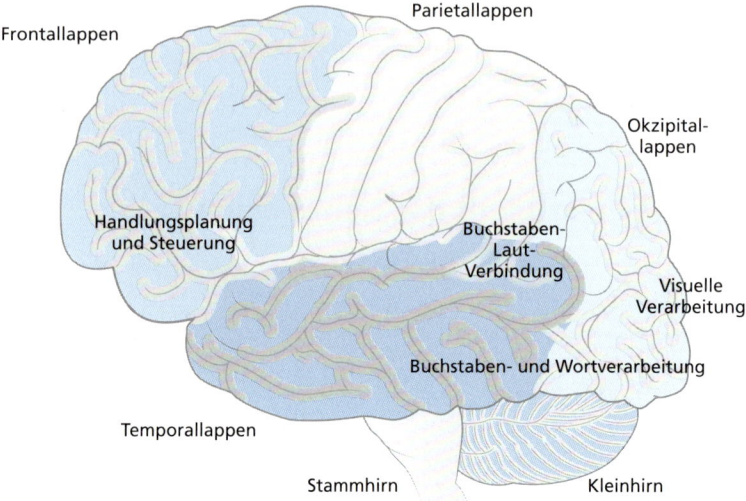

Abb. 14.1: Schematische Darstellung verschiedener Gehirnregionen und ihrer Funktionen beim Lesen

vom Gehirn bereitgestellt und gesteuert werden. Diese Funktionen sind sowohl im Frontallappen als auch im Parietallappen abgebildet. Dieses komplexe Lesenetzwerk arbeitet im Millisekundenbereich. Bereits 50–100 ms, nachdem ein Wort auf der Netzhaut abgebildet wurde, reagieren die Neuronen im Occipitalcortex und verarbeiten diese Sehinformationen, nach 200 ms erfolgt das Zusammenführen der visuellen mit der auditiven/sprachlichen Information. Nach ca. 400 ms wird bereits die Wortbedeutung generiert.

14.3 Veränderungen im Lesenetzwerk: Untersuchungsergebnisse zur Lesestörung

Basierend auf den Untersuchungsmethoden und -ergebnissen zu den ungestörten Hirnfunktionen beim Lesen werden auch die Hirnfunktionen bei den Kindern, Jugendlichen und Erwachsenen mit einer Lesestörung untersucht. Eine der grundlegenden Herausforderungen beim Lesenlernen ist die Verbindung der Buchstaben mit den Lauten. Dies kann allerdings nur gelingen, wenn die Laute und die Buchstaben unterschieden werden können. Nicht bei allen, aber bei einzelnen Kindern mit einer Lesestörung liegen Schwierigkeiten vor, Laute zu unterscheiden. Diese Fähigkeit ist im Temporallappen lokalisiert, überwiegend in der linken Gehirnhälfte, die bei vielen rechtshändigen Menschen die sprachdominante Gehirnhälfte ist. Bei Untersuchungen im Temporallappen zur Lautunterscheidung und zur Verbindung von Buchstaben mit Lauten bei Menschen mit einer Lesestörung zeigen sich deutliche Veränderungen. Diese sind eine verzögerte Aktivierung von Neuronenverbände bei der Unterscheidung von Sprachlauten und eine deutlich verzögerte Aktivierung bei der Zuordnung von Buchstaben zu Lauten. Zusätzlich ist die Aktivität der Neuronenverbände bei diesen Funktionen bei Menschen mit einer Lesestörung deutlich vermindert. Diese Befunde helfen zu verstehen, warum diese grundlegenden Funktionen beim Lesenlernen bei Menschen mit einer Lesestörung so mühsam und schwierig sind.

Für das schnelle Lesen ist es wichtig, auf die gespeicherten Wörter und Wortteile im Gedächtnis zuzugreifen. Analysen dieser Funktion im menschlichen Gehirn zeigen, dass bei Menschen mit einer Lesestörung dieser Prozess deutlich verlangsamt und die dabei aktivierte Gehirnregion deutlich kleiner ist im Vergleich zu Menschen ohne eine Lesestörung.

Insgesamt zeigen die neurobiologischen Studien, dass der komplexe Leseprozess auf verschiedenen Stufen abläuft. Die daran beteiligten Gehirnregionen, überwiegend in der linken Hemisphäre des Gehirns repräsentiert, sind eng verbunden und zeigen veränderte Aktivitätsmuster bei Menschen mit einer Lesestörung.

14.4 Phonologische Bewusstheit: Was ist damit gemeint und warum ist diese so wichtig?

Phonologische Bewusstheit ist ein Begriff, der sehr häufig im Zusammenhang mit Lesen und Schreiben verwendet wird. Er wird für verschiedene Fertigkeiten verwendet, die ein Kind im Rahmen der Sprachentwicklung und Schriftsprachentwicklung erlernt. Für die Lese- und/oder Rechtschreibstörung hat die phonologische Bewusstheit eine große Bedeutung, da sie sowohl im Kindergartenalter für die Vorhersage von Schwierigkeiten im Lesen und Rechtschreiben sinnvoll eingesetzt wird als auch Bestandteil von basalen Förderkonzepten ist. Zur phonologischen Bewusstheit gehören verschiedene Fertigkeit, wie z. B. Reime und Silben erkennen, Phoneme erkennen, streichen, ersetzen und zusammenfügen. Diese Fertigkeiten entwickeln sich nicht parallel, sondern meist in Phasen. Im Vorschulalter entwickeln sich Reim- und Silbenerkennen, während das Erkennen und Unterscheiden von Phonemen meist erst am Ende der Kindergartenzeit bzw. mit Anfang der Unterrichtung gelernt werden. Aufgrund dieser Entwicklungsphasen wird auch von phonologischer Bewusstheit im weiteren und in engerem Sinne gesprochen (▶ Tab. 14.1). Im Kindergarten werden durch Reim- und Singspiel mit Reimen phonologische Fertigkeiten gefördert. Die Einführung von Phonemen erfolgt zeitlich unterschiedlich, im Rahmen von Präventionsprogrammen (▶ Kap. 16.2) zur Vorbereitung auf den Schriftspracherwerb werden Übungen zur Förderung von phonologischer Bewusstheit regelmäßig im Kindergarten angeboten.

Mit der Einschulung und der Einführung der Phonem-Graphem und Graphem-Phonem-Beziehungen ist die Differenzierung von Phonemen sehr wichtig, insbesondere für die Rechtschreibung. Hat ein Kind Schwierigkeiten, Phoneme zu unterscheiden, gelingt die richtige Zuordnung zu den entsprechenden Graphemen meist nur ungenau. Die Entwicklung phonologischer Bewusstheit begleitet den Schriftspracherwerb in der Grundschule, sie stellt die Basis für den erfolgreichen Schriftspracherwerb da. Kinder mit erheblichen Schwierigkeiten im Bereich phonologischer Bewusstheit haben meist auch ausgeprägte Schwierigkeiten bei Erlernen des Rechtschreibens und Lesens.

Tab. 14.1: Phonologische Bewusstheit im weiteren und engeren Sinne: Beispiele:

Phonologische Bewusstheit im weiteren Sinne		Phonologische Bewusstheit im engeren Sinne	
Silben erkennen	Bau-ern-hof (Bauernhof)	Phonem ersetzen	Anfangsphonem bei Dose durch ein /r/ ersetzen: Rose
Reime erkennen	Sand-Ganz-Wand-Hand	Phonem weglassen	Decke ohne /d/ ecke
		Phonem ersetzen	/a/ durch /i/ ersetzen: Oma-Omi

14.5 Bewusstheit für Orthografie: Warum das Erkennen von Rechtschreib-Regelmäßigkeiten hilfreich für das Schreiben ist!

Orthografische Bewusstheit ist ein Begriff, der für mehrere Fertigkeiten verwendet wird, die zwar alle miteinander zusammenhängen, aber trotzdem unterschiedliche Fertigkeitsaspekte abbilden. Ihnen gemeinsam ist ein wortspezifisches Wissen. Hiermit wird das Wissen um Regelmäßigkeiten von Buchstabenfolgen, häufige und seltenere Buchstabenkombinationen und Buchstaben-Positionen im Wort, z. B. am Wortanfang oder Wortende beschrieben. Unklar ist bisher, wie Kinder dieses Wissen erwerben. Das Wissen um häufige Buchstabenkombinationen wird ohne eine bewusste Unterrichtung erworben. Dies bedeutet, Kinder lernen nicht, häufige von seltenen Buchstabenkombinationen zu unterscheiden. Jedoch nützt dieses Wissen, um Wörter schneller richtig zu lesen und richtig zu schreiben. Daher wird dieses Wissen vermutlich durch das Sehen und Speichern im Gedächtnis erworben. Interessanterweise ist ein zwar geringer ausgebildetes, aber nachweisbares Wissen der Häufigkeiten von Buchstabenkombinationen bereits bei Vorschulkinder vorhanden. Vermutlich entsteht dies durch das Vorlesen und gemeinsame Betrachten von Bilderbüchern mit Text. Andere Bereiche der orthografischen Bewusstheit, wie z. B. das Wissen um Homophone oder die lexikalische Repräsentation eines Wortes wird mit der Unterrichtung und der Erfahrung im Umgang mit der Schriftsprache erworben. Orthografisches Wissen wird im Rahmen der Rechtschreibförderung eingesetzt, Förderung im Erkennen von Buchstabenhäufigkeiten spielen bis heute kaum eine Rolle bei der Förderung. Für die Diagnostik werden einzelne Aufgaben eingesetzt, die in Tabelle 14.2 näher beschrieben werden. Die meisten Rechtschreibtests haben jedoch keine Aufgaben zur orthografischen Bewusstheit integriert.

Tab. 14.2: Aufgaben zur Erfassung von orthografischer Bewusstheit

Aufgabe	Beispiel
Pseudohomophon-Aufgabe	Visuelle Präsentation: Vergleich von Boot-Boht: welches Wort ist die orthographisch richtige Schreibweise?
Homophonaufgabe	Was schwimmt im Meer: Wal oder Wahl?
Lexikalische Entscheidungsaufgabe	Akustisch präsentiert: Glück Visuelle Entscheidung: Ist Glüg richtig oder die falsche Schreibweise des Gehörten?
Wissen um häufige Bi- und Trigramme	Bigramm (häufig vs. selten): ll vs. gg, Trigramme: sch vs. stg

14.6 Fakten und Mythen zu den Ursachen

Es gibt viele Behauptungen, was die LRS verursacht. Manche davon, die sich erstaunlich lange halten, sind nichtzutreffend und können durch Forschungsbefunde widerlegt werden. Manche Behauptungen wurden nie wissenschaftlich geprüft, sodass der Beweis ihrer Richtigkeit noch aussteht.

14.6 Fakten und Mythen zu den Ursachen

Kein Wunder, dass das Kind bei der Intelligenz nicht lesen und schreiben kann!
Eine sehr alte Behauptung ist, dass die LRS mit geringen kognitiven Fähigkeiten einhergeht oder gar durch sie verursacht wird. Dies ist nichtzutreffend. Es gibt mittlerweile viele epidemiologische Untersuchungen, die zeigen, dass auch die Intelligenz bei den Kindern mit einer LRS so verteilt ist wie bei den Kindern ohne eine LRS. Dies bedeutet auch, dass Kinder mit einer LRS auf der Basis ihrer kognitiven Fähigkeiten ein genauso gleiches Bildungspotenzial haben wie Kinder ohne eine LRS.

Die Lese- und/oder Rechtschreibstörung ist durch eine Augenerkrankung verursacht!
Eine weitere Behauptung ist, dass die LRS eine Sehstörung ist. Auch wenn Augenärzte zu den ersten gehört haben, die die LRS beschrieben haben, so gehören Beeinträchtigungen des Sehapparates nicht zu den Ursachen. Davon ist allerdings eine okkuläre Sehstörung abzugrenzen, die zum Teil mit einer ähnlichen Problematik einhergeht. Die diagnostische Abgrenzung ist komplex und erfordert eine augenärztliche Untersuchung. Empfehlungen hierzu finden sich in der S3-Leitlinie »Diagnostik und Behandlung von Kindern und Jugendlichen mit einer Lese- und/oder Rechtschreibstörung« (www.awmf.org/leitlinien/detail/ll/028-044.html).

Die Lese- und/oder Rechtschreibstörung ist doch keine Krankheit!
Auch die Behauptung, die LRS sei keine Erkrankung, ist nichtzutreffend. Die Weltgesundheitsorganisation publiziert in regelmäßigen Abständen ein Klassifikationssystem medizinischer Diagnosen. Aktuell liegt noch die 10. Version der Internationalen statistischen Klassifikation der Krankheiten und verwandter Gesundheitsprobleme (ICD-10) vor, nach der die Ärzte und Psychotherapeuten in Deutschland die Erkrankungen klassifizieren. Unter den psychischen Erkrankungen im fünften Buch führt das ICD-10 auch die Entwicklungsstörungen (umschriebene Entwicklungsstörungen schulischer Fertigkeiten) auf, zu denen auch die Lese-, die Rechtschreib- und die Lese- und Rechtschreibstörung gehören. Dies bedeutet, dass die LRS als eine Erkrankung gesehen wird und die Leistungen, die zur Diagnostik erbracht werden, auch von den Krankenkassen übernommen bzw. erstattet werden. Auch in der ICD-11, die offiziell 2022 eingeführt wird, wird die Lese-/Rechtschreibstörung zu den neurobiologischen Ent-

wicklungsstörungen gezählt, wie zum Beispiel die ADHS und gehört damit zu den Erkrankungen gemäß der Klassifikation der WHO.

Wenn die familiären Verhältnisse so schlecht sind, kein Wunder, dass das Kind nicht lesen kann!
Ein Mythos ist, dass die LRS durch fehlende familiäre Unterstützung entsteht. Diese Behauptung trifft nicht zu, wie Längsschnittstudien zeigen. Der Einfluss auf das Risiko, ob ein Kind eine LRS entwickelt oder nicht, wird nur geringfügig davon beeinflusst, wie das familiäre Leseumfeld ist. Daher sind familiäre Faktoren nicht ursächlich für das Entstehen einer LRS, allerdings ist ein förderliches familiäres Leseumfeld und Unterstützung des Kindes durch die Eltern bei Leseproblemen sehr hilfreich für die Leseentwicklung.

Gut im Rechnen, schlecht im Lesen!
Für die Diagnosestellung wurde nicht selten die Diskrepanz zwischen Rechnen und dem Lesen herangezogen. Hintergrund ist das Teilleistungskonzept, das von der Annahme ausgeht, dass Kinder mit einer Lese- und/oder Rechtschreibstörung nur in einem umschriebenen Lernbereich Probleme haben. Hinzu kamen Einzelbeobachtungen von Kindern mit einer LRS, die abweichend von den Leseleistungen sehr gute Erfolge im Rechnen erzielten. Epidemiologische Studien zeigen jedoch, dass bei vielen Kindern mit einer Lese- und/oder Rechtschreibstörung auch Probleme im Rechnen bestehen, ohne dass die diagnostischen Kriterien für eine Rechenstörung erfüllt sind. Daher ist die Annahme, dass man erst dann von einer Lesestörung sprechen sollte, wenn die Rechenleistungen gut sind, nichtzutreffend. Auch das Teilleistungskonzept ist kritisch zu hinterfragen, da so umschrieben, wie dieses Konzept die Symptomatik der Entwicklungsstörung annimmt, die Problembereiche der Kinder mit einer Lese- und/oder Rechtschreibstörung häufig nicht sind.

Wer d und b, g und b beim Schreiben vertauscht, der hat eine Legasthenie!
Zur Diagnosestellung einer LRS gibt es einige Überzeugungen, die sich hartnäckig halten, ohne dass es hierfür wissenschaftliche Beleg gibt. Hierzu gehört die Aussage, dass Buchstabenverdrehungen typisch für eine LRS seien, ja sogar diagnostisch darauf hinweisen. Untersuchungen zu den

Rechtschreibfehlern, die die Kinder mit und ohne einer LRS im Verlauf des Schriftspracherwerbs machen, belegen diese Aussage nicht. Buchstabenverdrehung wie b und d, oder g und d kommen häufig vor, wenn die orthografische Entwicklungsstufe (▶ Kap. 9.1 und ▶ Kap. 14.5) noch nicht erreicht ist. Diese Fehler treten aber nicht nur bei Kindern mit einer Rechtschreibstörung auf, sondern sind normale Entwicklungsphänomene der Rechtschreibentwicklung.

Man muss nur den Unterricht verändern, dann gibt es keine LRS mehr!
Eine weitere Behauptung bezieht sich auf den Förderbedarf von Kindern mit einer LRS. Kinder mit einer LRS benötigen nur die richtige Unterrichtung, dann würde sich die Lese- und/oder Rechtschreibstörung beheben lassen. Auch wenn pädagogische Förderung und Unterstützung sehr wichtig ist, so zeigen Studien zur Wirksamkeit der Förderung und Behandlung bei der LRS, dass eine intensive und spezifische Behandlung notwendig ist, um messbare Therapieeffekte zu erzielen. Diese Behandlung unterscheidet sich von den unterrichtsspezifischen Methoden durch eine Fokussierung auf die spezifische Problemebereiche des Kindes im Lesen und/oder Rechtschreiben unter Zuhilfenahme wissenschaftlich untersuchter Fördermethoden.

15 Leben mit einer Lese- und/oder Rechtschreibstörung

Liegt eine gesicherte Diagnose einer LRS vor, stellt sich die Frage, was die Diagnose für das Kind und seine Familie bedeutet. Viele Fragen sind zu klären, wie z. B.: Wer bietet Hilfen an? Was sind die Gründe für die LRS? Was können die Eltern, Lehrkräfte und die Betroffenen selbst tun? Eine weitere drängende Frage, die sich die Familien stellen, ist die Perspektive: Was wird aus meinem Kind? Welche Chancen hat es in unserem Bildungssystem? Was für einen Beruf kann das Kind mal erlernen oder ausüben?

Das Leben mit einer LRS bedeutet für viele ein eigenes Störungsmodell für sich zu entwickeln, das hilft, mit den Herausforderungen in den verschiedenen Lebenssituationen umzugehen. Ein zentraler Bereich ist die Schule. Hier verbringen die Kinder viel Lebenszeit, hier findet die Unterrichtung in den wichtigen schriftsprachlichen Inhalten statt. Schule ist aber auch der soziale Raum, in dem die Interaktion mit den Mitschülern und den Lehrern hoch relevant für die individuelle Entwicklung des Kindes mit einer LRS ist.

15.1 Lese- und Rechtschreibstörung und Schule

Für Kinder mit einer LRS stehen neben der Frage der Feststellung und Anerkennung einer Lese- und/oder Rechtschreibstörung in der Schule vor allem die Möglichkeit der schulischen Förderung und der Umgang der Schule mit einer LRS im Vordergrund.

15.1 Lese- und Rechtschreibstörung und Schule

Das Angebot an Förderung an Schulen ist sehr heterogen. Manche Schulen können gar keine Förderung anbieten, andere wiederum nur in bestimmten Klassenstufen. Die einzelnen Bundesländer haben unterschiedliche schulrechtliche Regelungen für den Umgang mit Schülern mit einer LRS getroffen (▶ Kap. 18), sodass sowohl die Ressourcen als auch die Inhalte der Förderung sehr verschieden sein können. Die Förderung findet meist zusätzlich zum Unterricht, teilweise auch anstatt des Deutschunterrichtes statt. Es gibt weitere Förderangebote, z. B. in speziellen Klassen (LRS-Klassen) für Kinder mit einer LRS. Die Angebote sind jedoch von Schule zu Schule, manchmal auch innerhalb einer Schule unterschiedlich. Findet die Förderung zusätzlich zum Unterricht statt, dann meistens in Gruppen. Leider sind die Gruppen der Schüler mit Lernproblemen sehr heterogen. Kinder mit allgemeinen Lernschwierigkeiten sitzen mit Kindern mit einer ausgeprägten motorischen Hyperaktivität und mit Kindern mit einer Lese- und/oder Rechtschreibstörung zusammen und erhalten ein einheitliches Fördermaterial. Ein solches Fördersetting ist nicht zu empfehlen und wird auch kaum helfen, da es die individuellen Förderbedarfe nicht berücksichtigt.

Hingegen wird eine Förderung in Kleingruppen bis zu fünf Schülern, die alle die vergleichbaren Lernprobleme im Lesen und/oder Rechtschreiben haben, empfohlen. Allerdings auch nur dann, wenn die Förderung Methoden beinhaltet, die wissenschaftlich fundiert und evaluiert sind. Diese Förderung muss aber regelmäßig, mindestens einmal wöchentlich und über ein ganzes Schuljahr erfolgen. Sie sollte nicht an den normalen Schultag angehängt sein und beim Ganztageskonzept nicht zu Zeiten, an denen die Konzentration und Aufmerksamkeit eher gering ist, erfolgen. Liegen bei einem Kind aber psychische Probleme zusätzlich zur LRS vor, sollte eine Einzelförderung durchgeführt werden. Generell sollten wirksamkeitsgeprüfte Förderkonzepte (▶ Kap. 12) angewandt und nicht die Inhalte des Deutschunterrichtes nochmals, nun aber langsamer, durchgearbeitet werden.

Zusätzlich zur Förderung ist die Unterrichtsgestaltung in der Klasse und die Deutschdidaktik wichtig (▶ Kap. 11.5). Es gibt eine anhaltende kontroverse Diskussion, wie Kinder am besten die Schriftsprache erlernen. Nur wenige Studien haben vergleichend die verschiedenen Unterrichtsdidaktiken im Fach Deutsch hinsichtlich ihrer Bedeutung für Kinder mit einer

Lese- und/oder Rechtschreibstörung untersucht. Generell zeigt sich, dass die Unterrichtung auf dem Schriftspracherwerbsmodell aufbauen soll, das die verschiedenen Entwicklungsstufen des Lesens berücksichtigt. Für den Rechtschreiberwerb hat es sich als nicht sinnvoll gezeigt, das lautgetreue Schreiben über die Mitte der ersten Klasse hinaus ausschließlich zu vermitteln. Ebenso gibt es keine Hinweise dafür, dass das Lesenlernen mit der Ganzwortmethode hilfreich ist. Die Verwendung von Handzeichen kann bei Kindern mit einer sehr ausgeprägten Lesestörung zu Beginn der Förderung sinnvoll sein.

Die Integration des Kindes in die Klasse darf nicht außer Acht gelassen werden. Kinder mit Leseproblemen oder einer Lesestörung geraten in der Klasse erheblich unter Druck, wenn sie etwas laut vorlesen müssen. Müssen Kinder mit einer Lesestörung dem Vorgelesenem im Buch folgen und können den Text in der notwendigen Zeit nicht entschlüsseln, entsteht eine erhebliche Belastungssituation. Fordert die Lehrkraft (nicht wissend, dass das Kind eine Lesestörung hat) es auf, laut vorzulesen oder eine Frage zu dem Vorgelesenem zu beantworten, kann es zu erheblichen Stressreaktionen bei dem Kind kommen. Eine typische Belastungssituation entsteht, wenn das Kind langsam und stockend liest, die Mitschüler dabei lachen und das Kind mit der LRS hänseln. Manche Mitschüler machen abfällige Bemerkungen, vor allem, wenn solche Situationen wiederholt auftreten.

Daher ist wichtig, frühzeitig die Diagnostik durchzuführen, um möglichst zeitnah eine Entlastung des Kindes zu schaffen. Situationen, die letztendlich zur Bloßstellung des Kindes führen, müssen unbedingt vermieden werden.

Für die psychische Entlastung sind Nachteilsausgleich und Notenschutz sehr wichtig (▶ Kap. 11.6). Jedoch sind die Beantragung, Gewährung und Umsetzung von Bundesland zu Bundesland verschieden. Daher sollten sich alle Beteiligten (Lehrkraft, Eltern, Schüler) über die schulrechtlichen Verordnungen des Bundeslandes informieren. Hierzu ist der Kontakt zur Schulpsychologie hilfreich, die in einzelnen Bundesländern die schulische Diagnostik unterstützt und beratend bezüglich der Formen des Nachteilsausgleich tätig ist.

Da Kinder mit LRS bei Lese- und Schreibanforderungen in anderen Fächern, wie z. B. den Fremdsprachen, häufig auch Probleme haben, ist die Anwendung von Nachteilsausgleich und Notenschutz auch für diese

Fächer notwendig. Bei Prüfungen in diesen Fächern soll eine ruhige Arbeitsatmosphäre geschaffen werden und Zeitverlängerung gewährt werden.

15.1.1 Fremdsprachenauswahl

Das Lernen von Fremdsprachen stellt für die meisten Kinder mit einer LRS eine große Herausforderung dar, sowohl für das Lesen in der Fremdsprache als auch für das Schreiben. Um die Schwierigkeiten der Sprachen einzuschätzen ist es wichtig, die Regelmäßigkeiten der Graphem-Phonem-Zuordnung für das Lesen und der Phonem-Graphem-Zuordnung für die Rechtschreibung zu kennen. Ist die Regelmäßigkeit der Zuordnung nur gering, stellt das Lernen der Fremdsprache meist eine große Herausforderung dar. Zu diesen unregelmäßigen Sprachen gehören Französisch und Englisch. Dies führt dazu, dass Kinder ein großes Wortwissen benötigen, da sie die Verschriftlichung eines Wortes nicht von der jeweiligen Korrespondenz zwischen Phonem-Graphem und umgekehrt ableiten können.

Italienisch, Spanisch und Latein sind hingegen von einer größeren Regelmäßigkeit gekennzeichnet, was das Erlernen und auch Schreiben in diesen Sprachen erleichtert. Diese Regelmäßigkeit zeigt sich beim Schreiben in einer großen Lauttreue. Dies bedeutet, dass viele Wörter so geschrieben werden wie man sie spricht. Eine gut ausgeprägte Lautunterscheidung in der jeweiligen Sprache ist eine wichtige Voraussetzung für diesen Prozess. In diesen Sprachen ist ein genaues Lesen des gesamten Wortes einschließlich der Endungen notwendig. Wichtige Informationen zum Fall bei den Nomina oder zur Person bei der Konjugation von Verben sind in den Wortwendungen enthalten. Ein Nachteil von Latein ist, dass es keine gesprochene Sprache ist und daher der Unterricht so wie die Leistungsüberprüfung im Wesentlichen schriftlich erfolgt. Außerdem werden überwiegend historische Texte gelesen, die ein Interesse an römischer Geschichte voraussetzen. Aufgrund der komplexen grammatikalischen Struktur ist ein analytisches Sprachverständnis sehr hilfreich.

Wichtig für die Fremdsprachenauswahl ist, ob ein Kind Interesse an der Sprache hat, ob es ggf. familiäre Unterstützung in einer bestimmten Sprache aufgrund der Sprachkompetenz der Eltern in der Sprache bekommt.

Für Kinder und Jugendliche mit Interesse und Spaß an Sprachen sind Englisch, Französisch und Spanisch sicherlich interessanter. Liegt aufgrund eines aktiven persönlichen oder familiären Kontaktes eine Sprache besonders nahe, sollte durchaus dies ein Grund für die Auswahl der weiteren Fremdsprache sein. Denn die Motivation zum Lernen ist entscheidend, gerade für den Fremdsprachenerwerb. Daher bieten sich auch Auslandsaufenthalte an, um die Sprachlichkeit in der betreffenden Sprache zu fördern. Der direkte Vergleich von Englisch mit Französisch zeigt, dass der englische Wortschatz oft aus häufigen kurzen Wörtern besteht, sodass es leichter ist, Sätze im Englischen zu schreiben. Auch die grammatikalischen Anforderungen sind verhältnismäßig leichter zu bewältigen.

Für die unregelmäßigen Sprachen wie z. B. Englisch gilt, dass Wortwissen und Abspeicherung dieses Wissens im Gedächtnis sehr wichtig sind. Hat jedoch ein Kind eine geringere Gedächtniskapazität, könnte sich dies negativ auf den Schriftspracherwerb im Englischen oder Französischen auswirken.

In den meisten Bundesländern wird der Nachteilsausgleich bei der LRS auch in den Fremdsprachen gewährt (▶ Kap. 18), sodass bei der Leistungsbewertung der mündlichen Leistung mehr Gewicht gegeben wird als der schriftlichen. Daher ist es wichtig, dass die Eltern frühzeitig, falls noch nicht durch die Deutschlehrkraft erfolgt, die Lehrkraft des Fremdsprachunterrichts über die LRS des Kindes informieren und um den Nachteilsausgleich (▶ Kap. 11.6.1) und ggf. Notenschutz bitten.

15.1.2 Schulabschluss

Der Schulabschluss stellt für viele Kinder und Jugendliche mit einer LRS ein ersehntes Ziel da, das aber auf dem schwierigen Weg dorthin nur mit der Bewältigung von vielen Herausforderungen erreicht wird. Wichtig beim Notenschutz ist, dass er auch bei den Abschlussprüfungen (mittlerer Schulabschluss, Abitur) in einzelnen Bundesländern Notenschutz gewährt wird. Geschieht dies nicht, kann es in den schriftlichen Fächern (▶ Kap. 11.6.2) zu einer deutlich schlechteren Bewertung der Leistung führen. Allerdings lassen einzelne Bundesländer den Nachteilsausgleich zu, sodass zumindest versucht werden sollte, dass die Prüfungsmaterialien entsprechend der Schriftform und -größenempfehlung präsentiert werden sowie die ruhige Arbeitsumgebung und Zeitverlängerung bei Prüfungen gewährt wird.

15.2 Berufsausbildung

Bei der Berufsausbildung, in der Lehre (Berufsschule), Zwischen- und Abschlussprüfungen bei der IHK und im Studium ist der Nachteilsausgleich und Notenschutz nicht einheitlich geregelt, in einzelnen Bundesländern ist der Nachteilsausgleich und Notenschutz in berufsbildenden Schulen sogar explizit ausgeschlossen. Bei einzelnen Industrie- und Handelskammern ist aber die Gewährung von Nachteilsausgleich bei den Zwischen- und Abschlussprüfungen möglich. Hierzu ist die Vorlage eines ärztlichen Attests notwendig. Die Anforderung an das Attest sind unterschiedlich, meist wird eine ICD-10 Diagnose und Verschlüsselung der sechs Achsen gemäß dem multiaxialen Klassifikationsschema (▶ Tab. 7.3) gefordert. Empfehlenswert ist, im Attest die notwendigen Formen des Nachteilsausgleich zu benennen und ggf. zu begründen. Die Rechtsvoraussetzungen sind die Feststellung bzw. das Vorliegen einer Behinderung. Diese muss aber nicht separat nachgewiesen werden, das ärztliche Zeugnis oder Attest reicht als Grundlage aus. Wichtig ist, dass der Antrag rechtzeitig gestellt wird und nicht erst kurz vor den Prüfungen. Außerdem sollten sich Antragsberechtigte frühzeitig über die Formen des Nachteilsausgleichs informieren, da diese zwischen den IHKs abweichen können.

15.3 Ist LRS eine Behinderung?

Die Frage, ob eine Lese- und/oder Rechtschreibstörung eine Behinderung ist, wird in verschiedenen Rechtsprechungen und in einem Gutachten

(BVL 2016, S. 5–28) von Prof. Dr. Christine Langenfeld (Lehrstuhl für öffentliches Recht an der Universität Göttingen, Richterin am Bundesverfassungsgericht) bejaht. Grundlage für diese Einschätzung ist der Art. 3 Abs. 3 Satz 2 Grundgesetz, dieser lautet: »Niemand darf wegen seiner Behinderung benachteiligt werden.« Was eine Behinderung ist, ist nach dem Schwerbehindertengesetz, das auch verfassungsrechtlich angewandt wird, als die Auswirkung einer nicht nur vorübergehenden Funktionsbeeinträchtigung, die auf einem regelwidrigen körperlichen, geistigen oder seelischen Zustand beruht, definiert (BVL 2006). Zur Abgrenzung davon, was nicht eine Behinderung darstellt, nämlich ein Anderssein eines Menschen, geht es bei der Behinderung um eine Eigenschaft, die die Lebensführung grundsätzlich schwieriger macht (BVerfGE 96, zitiert nach BVL 2006). Im Sozialgesetzbuch IX Abs. 2 wird zum Behinderungsbegriff ausgeführt: »Menschen sind behindert, wenn ihre körperliche Funktion, geistige Fähigkeit oder seelische Gesundheit mit hoher Wahrscheinlichkeit länger als sechs Monate von dem für das Lebensalter typischen Zustand abweichen und daher ihre Teilhabe am Leben in der Gesellschaft beeinträchtigt ist«. Bei dieser Definition sind zwei Aspekte von zentraler Bedeutung für die Frage, ob eine LRS eine Behinderung ist: der zeitliche Aspekt (sechs Monate) und die hier genannte Teilhabebeeinträchtigung. Außerdem ist aufgrund der neurobiologischen und genetischen Forschungsergebnisse davon auszugehen, dass eine LRS durch veränderte Hirnfunktionen, die mindestens zum Teil genetisch verursacht sind, die seelische Gesundheit länger als sechs Monate beeinträchtigt. Diese Argumentation wird durch den chronischen Verlauf mit Fortbestehen der Symptomatik bis ins Erwachsenenalter unterstützt.

Die Teilhabebeeinträchtigung bezieht sich auf die Beeinträchtigungen infolge der LRS im sozialen Kontakt, in der Schule und auf Regelung des Alltagslebens. Auch dies ist bei der LRS gegeben.

15.4 Kostenübernahme der Förderung/Behandlung

Eins der größten Probleme bei der Förderung und Behandlung bei der Lese- und/oder Rechtschreibstörung ist die Kostenübernahme der Therapiekosten. Die gesetzlichen und privaten Krankenversicherungen lehnen die Kostenerstattung mit dem Verweis auf die Heilmittelrichtlinie (https://heilmittelkatalog.app/heilmittelrichtlinie) ab, da dort die Leistungserstattung bei der Lese- und Rechtschreibschwäche und sonstige isolierte Lernstörungen ausgeschlossen ist. Dadurch ist eine Ungleichbehandlung der LRS im Vergleich zu den anderen Entwicklungsstörungen, wie der Sprachentwicklungsstörung oder motorischen Entwicklungsstörung gegeben. Für diese beiden Störungen werden die Behandlungsleistungen, erbracht durch Ergotherapeuten und Logopäden, nach ärztlicher Verordnung erstattet.

Dies bedeutet, dass zuerst die Eltern und die Betroffenen die Behandlungskosten selbst übernehmen müssen. Dies führt, gerade bei Kindern aus sozial schwachen Familien häufig dazu, dass keine Behandlung stattfindet. Es gibt einige wenige Ausnahmen, wie die Behandlung, zumindest zum Teil, refinanziert wird.

15.5 Unterstützung im Rahmen der Jugendhilfemaßnahmen

Die Gewährung von Unterstützung durch die Jugendhilfe ist abhängig von dem individuellen Hilfebedarf und ob das Kind und seine Familie die Voraussetzung für die beantragten Hilfen erfüllen, die das zuständige Jugendamt prüft. In den letzten Jahrzehnten ist die Eingliederungshilfe nach § 35a des achten Sozialgesetzbuchs zu einem Instrument der Unterstützung geworden, dass Kinder mit psychosozialen Risiken und psychischen Belastungen bei einer Lese- und/oder Rechtschreibstörung in Anspruch nehmen.

Voraussetzungen für die Gewährung von Eingliederungshilfe nach § 35a sind eine drohende oder bestehende seelische Behinderung.

Die Eingliederungshilfe nach § 35a für seelisch behinderte Kinder und Jugendliche ist an folgende Voraussetzungen gebunden:

1. Die seelische Gesundheit weicht mit hoher Wahrscheinlichkeit länger als sechs Monate von dem für ihr Lebensalter typischen Zustand ab, und
2. daher ist ihre Teilhabe am Leben in der Gesellschaft beeinträchtigt oder es ist eine solche Beeinträchtigung zu erwarten.

Der Gesetzgeber führt zu dem Begriff der seelischen Behinderung in diesem Zusammenhang aus:»Von einer seelischen Behinderung bedroht im Sinne dieses Buches sind Kinder oder Jugendliche, bei denen eine Beeinträchtigung ihrer Teilhabe am Leben in der Gesellschaft nach fachlicher Erkenntnis mit hoher Wahrscheinlichkeit zu erwarten ist (§ 35a SGB VIII Eingliederungshilfe für seelisch behinderte Kinder und Jugendliche, www.sozialgesetzbuch-sgb.de/sgbviii/35a.html).«

Für die Beurteilung bzw. Feststellung der Abweichung der seelischen Gesundheit hat der Träger der öffentlichen Jugendhilfe die Stellungnahme
a. eines Arztes für Kinder- und Jugendpsychiatrie und -psychotherapie,
b. eines Kinder- und Jugendpsychotherapeuten oder eines Arztes oder eines psychologischen Psychotherapeuten, der über besondere Erfahrungen auf dem Gebiet seelischer Störungen bei Kindern und Jugendlichen verfügt, einzuholen. Die Stellungnahme ist auf der Grundlage der Internationalen Klassifikation der Krankheiten in der vom Deutschen Institut für medizinische Dokumentation und Information herausgegebenen deutschen Fassung (ICD-10, bzw. MAS) (▸ Kap. 7.1) zu erstellen. Dabei ist auch darzulegen, ob die Abweichung Krankheitswert hat oder auf einer Krankheit beruht. Die Hilfe soll nicht von der Person oder dem Dienst oder der Einrichtung, der die Person angehört, die die Stellungnahme abgibt, erbracht werden.

Für Eltern ist der Gesetzestext kaum zu verstehen und in der Anwendung recht schwierig, da nicht selten die Maßnahme vom Jugendamt nicht bewilligt wird. Die Gründe hierfür sind vielfältig.

15.5 Unterstützung im Rahmen der Jugendhilfemaßnahmen

Ein häufiger Grund ist die Unklarheit, was mit Teilhabe in der Gesellschaft gemeint ist, denn nur, wenn eine Teilhabebeeinträchtigung vorliegt, ist eine wichtige Voraussetzung zur Gewährung der Hilfen erfüllt. Der Begriff der Teilhabe am Leben in der Gemeinschaft ist gekennzeichnet durch eine aktive, selbstbestimmte und altersgemäße Ausübung sozialer Funktionen und Rollen in den Lebensbereichen wie Familie, Freundeskreis, Schule und außerschulischen Aktivitäten. Wie umfassend die Beeinträchtigung sein muss, wird zwar unterschiedlich beurteilt, in jedem Fall muss sie so ausgeprägt sein, dass sie sich zumindest in einem Teilbereich, wie z. b. in der Schule mit großer Intensität und Dauer auswirkt. Hierzu gehören Schulversagensängste, eine totale Schul- und Lernverweigerung oder ein Rückzug von allen sozialen Kontakten.

Bevor eine Förderung begonnen wird und die Finanzierung auf der Basis des § 35a erfolgt, ist die Finanzierung zu klären. Dafür müssen die Eltern mit dem Kind den Antrag beim örtlichen Jugendamt stellen. Da die Prüfung durchaus mehrere Monate in Anspruch nehmen kann, ist eine rechtzeitige Beantragung notwendig. Wird eine Förderung vor der Bewilligung der Kosten der Maßnahme durch das Jugendamt begonnen, lehnen die meisten Jugendämter die Kostenübernahme für die bereits entstandenen Kosten ab.

16 Prävention

Ziel der Prävention ist, alle Kinder gezielt auf den Erwerb des Lesens und Rechtschreibens vorzubereiten und insbesondere Kinder, die ein Risiko für eine Lese- und/oder Rechtschreibstörung haben (▶ Kap. 2) gezielt zu fördern. Die meisten Präventionsprogramme werden zeitlich kurz vor der Einschulung eingesetzt, da die Wirksamkeit am höchsten ist, wenn der Abstand zwischen der Prävention und der Einschulung gering ist. Prävention wird im Kindergarten angeboten, allerdings häufig nicht nach standardisierten und evaluierten Programmen. Inhalte der Prävention sind Sprachspiele zur phonologischen Bewusstheit (▶ Kap. 14.4) und die Einführung von Buchstaben sowie die Buchstaben-Lautzuordnung.

16.1 Hintergrund

Anhand von Längsschnittstudien konnte gezeigt werden, dass Kinder, die geringer entwickelte phonologische Fertigkeiten hatten, deutlich größere Probleme beim Erlernen des Schreibens und des Lesens hatten. Zu diesen Fertigkeiten gehören Laute unterscheiden, Laute verbinden, Laute zählen und ein Wort in Laute zu zerlegen. Zusätzlich ist die Fertigkeit, Wörter in Silben zu durchgliedern, Silben in Wörtern zu erkennen und mit ihnen zu arbeiten sowie Reime zu erkennen und zu bilden eine wichtige Voraussetzung für das Lesen- und Schreibenlernen. Silben und Reime, die größere sprachliche Einheiten darstellen, erkennen die Kinder früher als einzelne Laute. Das Heraushören des Anfangslaut ist für die Kinder meist einfacher als Laute im Wort zu erkennen. Es gehört zu der sprachlichen Entwicklung des Kindes, dass eine Differenzierung von größeren und kleineren sprachlichen Einheiten verbunden mit der Fertigkeit, Aufmerksamkeit zunehmend selektiver auf einzelne sprachliche Komponenten im Wort und Satz auszurichten, stattfindet.

Das gemeinsame Lesen in der Familie, das Sprechen über die Geschichten in Bilderbüchern, das gemeinsame Betrachten der Sätze in den Bilderbüchern sind Aktivitäten, die Spaß machen und förderlich für die Vorbereitung auf den Schriftspracherwerb sind.

Die Kenntnis von Buchstaben, Buchstaben benennen und Buchstaben unterscheiden, sind Fertigkeiten, die Kinder am Ende der Kindergartenzeit erwerben können und sind ebenfalls förderlich für das Erlernen des Lesens und Schreibens.

Eine weitere Voraussetzung für den erfolgreichen Lese- und Schreibprozess ist der Abruf von Wortwissen. Hiermit sind z. B. Farbnamen oder Wörter von häufig vorkommenden Gegenständen des Alltags gemeint. Bei diesem Prozess, der auch schnelles Benennen genannt wird, geht es um den schnellen Abruf der Wörter aus Gedächtnis. Gelingt dieser Prozess nur sehr langsam, könnte dies ein Hinweis dafür sein, dass auch das später erworbene Wortwissen nur verzögert aus dem Gedächtnis abgerufen werden kann. Dieser Gedächtnisabruf erscheint eher bedeutsam für den Leselernprozess, hingegen sind die phonologischen Fertigkeiten bedeutsamer für den Rechtschreiblernprozess.

All die genannten Faktoren werden auch in der Prävention von Lese- und Rechtschreibschwierigkeiten eingesetzt. Beeinflusst wird die Wirksamkeit präventiver Ansätze von der Sprachentwicklung des Kindes und den Deutschkenntnissen. Liegen Hinweise für eine verzögerte oder beinträchtige Sprachentwicklung vor, so sollte die Behandlung dieser Beeinträchtigungen zunächst im Vordergrund stehen. Zusätzlich können Methoden aus der Prävention von LRS zum Einsatz kommen.

16.2 Inhalte von Präventionsprogrammen zur Vorbereitung auf das Lesen und Rechtschreiben

Zentrale Inhalte der Prävention sind phonologische Fertigkeiten, Stärkung der Sprech- und Sprachfähigkeit und der Förderung der Motivation, sich mit Wörtern, Sätzen und Texten zu beschäftigen.

Tabelle 16.1 fasst wesentliche Bereiche der Prävention aus dem Programm »Lass uns lesen«, ein Präventionsprogramm für Vorschulkinder in den letzten Monaten vor der Einschulung zusammen.

Tab. 16.1: Inhalte und Beispiele des Präventionsprogramms »Lass uns lesen!«

Inhalte	Beispiele
Vorlesen	Dialogisches Vorlesen: Vorlesen einer kurzen Geschichte mit Bildern; Austausch mit dem Kind über den Inhalt (Was-Fragen) mit Bezug auf das Bild. Fragen zum Inhalt, zum Verständnis. Das Kind auffordern, die Geschichte zu erzählen. Rahmenbedingung: möglichst tägliches Vorlesen; Interesse des Kindes für die Auswahl des Buches oder der Geschichte ist sehr wichtig; bequemen und ruhigen Platz zum Vorlesen einrichten. Vorleserituale schaffen.
Schrift erkennen	Aufmerksamkeit schaffen für Wörter und Sätze, z. B. auf Schildern, auf Verpackungen, auf Kleidung, Straßennamen auf Straßenschildern. Beteiligung des Kindes beim Schreiben des Einkaufszettels; Buchstaben aus verschiedenen Materialien anbieten, um z. B. ein Wort nachzulegen.
Reime erkennen und bilden	Finden von Reimwörtern zu Bildern (Bild Hase, Reimwort Nase). Aufmerksamkeit auf die Wortform lenken.
Satz und Wörter erkennen	Sätze gemeinsam lesen, Hervorhebung von Wörtern in Sätzen.
Silben erkennen	Silben klatschen, silbisches Mitsprechen, Wortzerlegung in Silben, Wortzusammensetzung aus Silben.

Tab. 16.1: Inhalte und Beispiele des Präventionsprogramms »Lass uns lesen!«
– Fortsetzung

Inhalte	Beispiele
Anlaute	Anlaute erkennen, Laute benennen, Laute bilden, Buchstaben-Laut-Zuordnung.
Buchstaben	Laut-Buchstaben-Verbindungen, Buchstaben legen und unterscheiden.
Laute	Endlaute und Laute im Wort erkennen, Laute zu einem Wort verbinden, Wörter in Laute zerlegen.

Lass uns lesen! ist ein Präventionsprogramm, das Eltern zuhause mit ihrem Kind oder Erzieherinnen mit den Kindergartenkindern oder in Frühförder- und Vorschuleinrichtungen in den letzten Monaten vor der Einschulung durchführen. Die dazu benötigten Materialien (Aktivitätenhefte und Anleitungen, Spiele) sind in dem Gesamtprogramm enthalten. Die Übungen und Spiele werden mit dem Kind einzeln oder in Gruppen, möglichst regelmäßig an 4–5 Tagen in der Woche für 15–20 Minuten durchgeführt. Ein in Kindergärten oft durchgeführtes Programm ist »Hören, Lauschen, Lernen«, ein Gruppenprogramm, das sehr strukturiert ist und über ca. 20 Wochen durchgeführt wird. Die Wirksamkeit der Präventionsprogramme zeigt sich darin, dass die Kinder nach der Förderung eine höhere phonologische Bewusstheit erreichen. Außerdem wirkt sich die Durchführung der Präventionsprogramme positiv auf das Lese- und Schreibenlernen der Kinder aus. Entscheidend für die Wirksamkeit ist allerdings, dass die Präventionsprogramme, so wie es in den Handbüchern bzw. Anleitungen zur Durchführung beschrieben ist, durchgeführt werden.

16.3 Praxistipps

Die Umsetzung von Präventionsprogrammen im Kindergarten und zuhause setzt eine gute Vorbereitung voraus, um die einzelnen Spiele und

Übungen so durchzuführen, dass sie den Kindern tatsächlich helfen. Dazu sollen die Handbücher und Anleitungen zu den Programmen vorher komplett gelesen und die Materialien entsprechend vorbereitet werden. Wichtig ist, sich an die Anleitung zu halten. Dazu gehört bei der Durchführung in Kindergruppen ein regelmäßiger Ablauf, wie z. B. bei Hören, Lauschen, Lernen mit dem Begrüßungsritual und -lied zu beginnen, den regelhaften Ablauf der Spiele einzuhalten und die Teilnahme zu bestätigen. Die Gruppenteilnahme ist verpflichtend und die Kinder sollen regelmäßig teilnehmen. Die Gruppenleitung soll das Konzept des Trainings kennen und wichtige Grundprinzipien zur phonologischen Bewusstheit wissen und anwenden. Hierzu gehört beispielsweise die Kenntnis darüber, was ein Phon und was ein Phonem ist, dass die lautliche Entsprechung eines Buchstaben nicht mit dem Buchstabennamen verwechselt werden darf. Wichtig ist ferner bei anhaltenden Problemen, die einzelne Kinder bei Übungen haben, eine diagnostische Abklärung anzuregen. Dies könnte eine pädaudiologische Untersuchung sein, falls sich die Hörprobleme auch in anderen Bereichen zeigen. Eine Untersuchung hinsichtlich von Entwicklungsrisiken in der Sprache kann weitere Hinweise für eine Erklärung von Problemen bei der Durchführung der Übungen geben.

Die Durchführung von Präventionsprogrammen zuhause setzt ebenfalls eine intensive Auseinandersetzung mit dem Konzept von Beginn an voraus. Wichtig ist, die Ziele der Spiele vor dem Beginn genau zu kennen und die verschiedenen sprachlichen Bereiche, die in der Prävention geübt und gelernt werden, gut zu kennen. Eine wichtige Voraussetzung ist ausreichend Zeit für die Vorbereitung und die Durchführung zu haben, da Prävention nur dann wirksam ist, wenn sie regelmäßig über mehrere Wochen durchgeführt wird. Da die Übungen und Spiele Interesse an der Schriftsprache wecken und Spaß machen sollen, ist es wichtig, die Prävention zwar regelmäßig, aber zeitlich begrenzt durchzuführen, z. B. täglich 10–15 Minuten. Um diese Regelmäßigkeit umzusetzen, bietet sich z. B. an, an 3–4 Tagen in der Woche jeweils 10–15 Minuten vor dem gemeinsamen Abendessen mit dem Kind die Aufgaben durchzuführen. Unabhängig von einem gemeinsamen durchgeführten Präventionsprogramm ist das gemeinsame Lesen von Bilderbüchern zu empfehlen.

17 Weitere Informationen

Es gibt im Internet eine Vielzahl von Informationen zur LRS, deren Qualität, wie nicht anders zu erwarten, sehr unterschiedlich sind. Eine zentrale Informationsquelle ist der Bundesverband Legasthenie und Dyskalkulie e. V., der auf seiner Homepage umfassend zu den verschiedenen Bereichen der LRS und der Rechenstörung informiert (www.bvl-legasthenie.de).

17.1 Selbsthilfekontakte

Für Eltern und für Menschen mit einer LRS ist die Webseite des Bundesverband Legasthenie und Dyskalkulie e. V. (www.bvl-legasthenie.de) eine wichtige Informationsquelle, da dort wissenschaftlich fundierte Informationen präsentiert werden. Der von Eltern, Betroffenen und Therapeuten gegründete Verband hat sich zum Ziel gesetzt, sich nachhaltig für die Interessen und Rechte der Kinder, Jugendlichen und Erwachsenen mit einer LRS und/oder Rechenstörung einzusetzen. Zu den Aufgaben gehört daher auch eine umfassende Informationsstrategie, die aus Infobroschüren, Internetauftritt und auch in der Förderung von Filmen besteht.

Zu den herausragenden Beispielen der Öffentlichkeits- und Aufklärungsarbeit des BVL gehört der geförderte Film »I Wonder« (www.youtube.com/watch?v=uDo7u4QMs88) von Olivia Nigl, der als bester Kurzfilm 2019 beim Independent StarFilmFest ausgezeichnet wurde. Dieser einfühlsame Film stellt mit eindrucksvollen Bildern die Geschichte einer Bachelorstudentin dar, die im Rahmen einer Festveranstaltung die Liste von Sponsoren vorlesen soll. In Rückblenden wird ihre Schulzeit mit Enttäuschungen und Frustrationen erzählt, letztendlich bekennt sie sich aber auf der Veranstaltung zur Legasthenie und wirbt für die Gleichbehandlung aller Menschen. Der Film klärt einerseits über eine Schullaufbahn von Menschen mit einer LRS auf, macht anderseits aber Mut, die eigenen Schwächen nicht zu verbergen und über Legasthenie aufzuklären und dazu zu stehen.

Weitere wunderbare Filme, die Mut machen sollen, sind auf der Mediathek des BVLs zu finden. Hier finden sich unter dem Titel »Ich hab' Legasthenie – Na und?!« sechs Beispiele von Jugendlichen, die über sich und ihre Visionen sprechen und was sie im Leben trotz Legasthenie erreichen möchten (www.bvl-legasthenie.de/bvl-mediathek.html).

Der Bundesverband Legasthenie und Dyskalkulie e. V. unterstützt Jugendliche und junge Erwachsene mit einer LRS durch die Förderung einer Interessensgruppe (www.bvl-legasthenie.de/junge-aktive/ja-ziele.html), die mit »Ja! Junge Aktive im BVL« sich eine eigene Organisationsstruktur gegeben haben. Ziel ist eine Vernetzung der Jugendlichen, Beratung und Hilfsangebote untereinander für alle jungen Menschen in vergleichbaren Lebenssituationen anzubieten. Das Beratungsangebot steht auch Arbeitgebern, Ausbildungseinrichtungen und Lehrkräften zur Verfügung.

17.2 Beratungsstellen

Der Bundesverband Legasthenie und Dyskalkulie e. V. besteht aus den Landesverbänden der einzelnen Bundesländer, die Beratungen und zum Teil Schulungen für Betroffene und ihre Angehörige anbieten. Lokale Ortsgruppen laden zu gemeinsamen Treffen ein, um über die lokalen Möglichkeiten der Diagnostik und Förderung zu informieren und sich auszutauschen. Eltern erleben es oft als entlastend, wenn sie von anderen Eltern erfahren, dass sie mit ähnlichen Problemen konfrontiert sind und

Lösungen dafür gefunden haben. Beratung werden auch für Lehrkräfte angeboten. Der BVL bietet auch Sommercamps für Jugendliche mit einer LRS zur Förderung in Englisch an. Zusätzlich organisieren die Landesverbände Fachvorträge und Konferenzen zu zentralen Themen der Diagnostik, Beratung und Förderung.

17.3 Angebote für Diagnostik

Die Diagnostik zur Feststellung einer Lese- und Rechtschreibstörung ist umfangreich und setzt entsprechendes fachliches Wissen voraus (▶ Kap. 8 und ▶ Kap. 9). Die ärztliche Diagnostik wird von Fachärztinnen für Kinder- und Jugendpsychiatrie und -psychotherapie erbracht, die eine Diagnostik gemäß den Kriterien des ICD-10 erstellen. Diese umfasst die sechs Diagnose-Achsen (▶ Tab. 7.3), sodass neben der Kerndiagnostik zum Lesen und/oder Rechtschreiben auch eine Untersuchung zur psychischen Befindlichkeit sowie zu Belastungen im Alltag und eine körperliche Untersuchung durchgeführt werden. Von den Fachärzten werden die entsprechenden Gutachten bzw. Atteste zur Vorlage bei der Jugendhilfe und/oder Schule erstellt. Diese sind häufig Voraussetzung zur Erlangung entsprechender Hilfen nach §35a (▶ Kap. 15.7) und Grundlage für die Entscheidung über die Gewährung von Nachteilsausgleich und Notenschutz (▶ Kap. 11.6.1 und ▶ Kap. 11.6.2).

Im Bereich des Aufgabenfeldes der Schulpsychologie gehört die diagnostische Einschätzung zur Frage, ob eine LRS vorliegt. Da die Ressourcen für die Diagnostik und Beratung bei der Schulpsychologie in den Bundesländern unterschiedlich vorhanden sind, hängt es von dem einzelnen Bundesland ab, ob und in welchem Umfang diese Diagnostik angeboten bzw. durchgeführt wird.

Diagnostik wird auch von einzelnen Therapieinstituten angeboten. Dieses Vorgehen wird kritisch gesehen, da es keine unabhängig von der Therapie angebotene Diagnostik ist und ggf. es zu verfälschten Ergebnissen kommen könnte. Zumindest sollte darauf geachtet werden, dass die

Person, die auch die Therapie durchführt, nicht auch für die Diagnostik verantwortlich ist. Dies trifft auch für die Verlaufsuntersuchung zur Überprüfung von Therapieeffekten zu.

Erziehungsberatungsstellen und Beratungsstellen in freier Trägerschaft (z. B. Caritas) bieten im Rahmen der Beratung auch LRS-Diagnostik an, diese Leistung wird allerdings nicht generell angeboten, sondern meist nur von einzelnen Beratungsstellen mit einem Schwerpunkt in der Diagnostik und umfasst meist auch nicht die Diagnostik nach ICD-10.

Diagnostik im Rahmen der Beantragung von Hilfen nach § 35a führt in Abhängigkeit von den Kapazitäten auch der Fachdienst im Jugendamt durch. Der Fokus ist hier aber auf die Achsen 5 und 6 nach MAS (▶ Tab. 7.3) gerichtet, da es um die Überprüfung der Teilhabebeeinträchtigung geht. Diese liegen in einer drohenden oder vorliegenden seelischen Behinderung. Ein fachärztliches Attest über das Vorliegen einer seelischen Behinderung kann den Diagnostikprozess im Rahmen der Beantragung von Hilfen nach § 35a beschleunigen, zum Teil ist die Vorlage eines fachärztlichen Zeugnisses notwendig, abhängig von den jeweiligen Regelungen des zuständigen Jugendamtes.

17.4 Therapieangebote

Der Therapiebedarf ist von Kind zu Kind unterschiedlich, generell gibt es aber bei Vorliegen einer Lese- und/oder Rechtschreibstörung den Bedarf für eine spezifische Therapie, deren Ziel es ist, primär das Lesen und Rechtschreiben zu fördern, sodass das Kind mit Alltagsaufgaben und den schulischen Anforderungen zurechtkommt. Die Therapie ist integrativ und beinhaltet neben den evidenzbasierten Methoden (▶ Kap. 12.1) der LRS-Förderung auch psychotherapeutische Methoden, um die psychischen Belastungen, die im Rahmen des Lebens mit einer LRS entstehen können, zu behandeln.

Die Qualifizierung für die LRS-Therapie ist in Deutschland nicht geregelt, sodass es bisher auch kein einheitliches Berufsbild hierfür gibt.

17.4 Therapieangebote

Daher sind die meisten Tätigkeitsbezeichnungen (Legasthenietherapeut etc.) auch selbst gewählt, ohne dass eine anerkannte oder zertifizierte Qualifizierung hierfür erworben wurde. Erste Ansätze für die Etablierung einer qualifizierten Ausbildung haben zwei Verbände geschaffen, der BVL e. V. und der Fachverband integrative Lerntherapie e. V. (FiL). Der BVL hat eine Qualifizierungsmaßnahme für Ausbildungsinstitute geschaffen, die nach Zertifizierung durch den BVL den ausgebildeten Therapeuten und Therapeutinnen den Titel Dyslexietherapeut nach BVL verleihen dürfen. Mit der Qualifizierung soll sichergestellt werden, dass die Therapeuten im Rahmen einer berufsbegleitenden Ausbildung die wesentlichen theoretischen und praktischen Kenntnisse und Erfahrungen sammeln, um zukünftig die Kinder und Jugendlichen mit einer Lese- und/oder Rechtschreibstörung mit den wirksamen Methoden integrativ zu behandeln. Im Rahmen dieser Qualifizierungsmaßnahme hat sich ein Zusammenschluss der Therapeuten gebildet, die alle nach diesem Standard zertifiziert sind. Eine Übersicht hierzu finden Sie auf der Homepage des BVL: www.bvl-legasthenie.de/therapeuten-weiterbildung.html. Die Therapieangebote finden meist außerschulisch statt, erste Modellprojekte zu einem Förderangebot in Schulen, d. h. die Therapeuten bieten die Therapie nicht nur in den Räumen der Schule an, sondern auch anstatt des Deutschunterrichts bei schwer betroffenen Schülern, zeigen sehr ermutigende Ergebnisse.

Das Qualifizierungsangebot des FiLs richtet sich primär an pädagogisch tätige Fachkräfte, die im Rahmen der Ausbildung sich intensiv in der Fachdidaktik Deutsch fortbilden. Ein weiterer Schwerpunkt ist die Orientierung an der systemischen Psychotherapie. Nach Abschluss der Ausbildung erhalten die Teilnehmenden den Titel Integrative Lerntherapeutin FiL/Integrativer Lerntherapeut FiL«. Die Grundalgen für die Weiterbildung finden sich auf der Homepage des Fils (www.lerntherapie-fil.de/fileadmin/user_upload/Dokumente/FiL_Weiterbildungsordnung_digital.pdf).

Es gibt eine Vielzahl von Förderangeboten außerhalb der Schule, deren Titel jedoch nichts zur Qualifikation der Leistungserbringer aussagt. Dies ist ein nach wie vor ungelöstes Problem. Einzelne Universitäten bieten im Rahmen des Psychologiestudiums ein Masterstudium im Bereich Lerntherapie an.

18 Schulrechtliche Regelungen der Bundesländer

Tab. 18.1: Übersicht über Regelungen der Bundesländer zu schulischer Diagnostik, Unterstützung und Nachteilsausgleich und Notenschutz

Bundesland	Rechtliche Basis	Quelle (Zuletzt Zugriff am 15.04.2021)
Baden-Württemberg	Verwaltungsvorschrift: «Kinder und Jugendliche mit besonderem Förderbedarf und Behinderungen«, 22.08.2008, Az.: 31-6504.2/534	www.lehrerfreund.de/medien/ deutschunterricht/legasthenie/ legasthenie-erlass-bw-volltext. pdf
Bayern	Schulordnung für schulartübergreifende Regelungen an Schulen in Bayern (Bayerische Schulordnung – BaySchO) Vom 1. Juli 2016 (GVBl. S. 164, 241) BayRS 2230-1-1-1-K Bayerisches Gesetz über das Erziehungs- und Unterrichtswesen (BayEUG) in der Fassung der Bekanntmachung vom 31. Mai 2000 (GVBl. S. 414, 632) BayRS 2230-1-1-K	www.gesetze-bayern.de/ Content/Document/ BaySchO2016; www.gesetze-bayern.de/ Content/Document/BayEUG
Berlin	Schulgesetz	http://www.schulgesetz-berlin. de/berlin/schulgesetz.php
Brandenburg	Verordnung über die Förderung von Schülerinnen und Schülern mit besonderen Schwierigkeiten im Lesen und Rechtschreiben oder im	http://bravors.brandenburg. de/verordnungen/lrsrv

Tab. 18.1: Übersicht über Regelungen der Bundesländer zu schulischer Diagnostik, Unterstützung und Nachteilsausgleich und Notenschutz – Fortsetzung

Bundesland	Rechtliche Basis	Quelle (Zuletzt Zugriff am 15.04.2021)
Bremen	Rechnen (Lesen-Rechtschreiben-Rechnen Verordnung – LRSRV) vom 17.08.2017 Sachgebiet – Gliederungsnr.: 530-25 Richtlinien zur Förderung von Schülerinnen und Schülern mit besonderen Schwierigkeiten im Lesen, Schreiben und Rechnen (LRS-Erlass in der Fassung vom 01.02.2010)	https://www.rebuz.bremen.de/angebote/lese_rechtschreib schwaeche/schulrecht__ arbeitshilfen__ musterantraege-9757
Hamburg	Richtlinie zur Förderung von Schülerinnen und Schülern mit besonderen Schwierigkeiten im Lesen, Rechtschreiben oder Rechnen zum 1. November 2006 in Kraft getreten.	www.hamburg.de/content blob/4339338/25124664c1819 b8 b406e1d581ed4444b/data/ bbs-vo-richtl-foerderung-le sen-rechnen-11-06.pdf
Hessen	Verordnung zur Gestaltung des Schulverhältnisses (VOGSV) 1.10.2017 § 42 VOGSV – Nachteilsausgleich, Leistungsfeststellung und Leistungsbewertung bei Schülerinnen und Schülern mit besonderen Schwierigkeiten beim Lesen, Rechtschreiben oder Rechnen)	https://kultusministerium. hessen.de/presse/ infomaterial/9/besondere-schwierigkeiten-beim-lesen-rechtschreiben-oder-rechnen
Mecklenburg-Vorpommern	Förderung von Schülerinnen und Schülern mit besonderen Schwierigkeiten (20.05.2014) im Lesen, im Rechtschreiben oder im Rechnen- Verwaltungsvorschrift	http://service.mvnet.de/_php/ download.php?datei_ id=120640

Tab. 18.1: Übersicht über Regelungen der Bundesländer zu schulischer Diagnostik, Unterstützung und Nachteilsausgleich und Notenschutz – Fortsetzung

Bundesland	Rechtliche Basis	Quelle (Zuletzt Zugriff am 15.04.2021)
Niedersachsen	Die Gültigkeitsdauer des Erlasses »Förderung von Schülerinnen und Schülern mit besonderen Schwierigkeiten im Lesen, Rechtschreiben oder Rechnen« (LRS-Erlass) vom 04.10.2005 ist mit dem 31.12.2012 abgelaufen. Bis zur Veröffentlichung einer überarbeiteten Fassung ist der Erlass weiter anzuwenden.	https://www.mk.niedersachsen.de/startseite/schule/lehrkrafte_und_nichtlehrendes_personal/unterricht/schwierigkeiten_im_lesen_rechtschreiben_und_rechnen/schwierigkeiten-im-lesen-rechtschreiben-und-rechnen-6411.html
Nordrhein-Westfalen	Erlass zur Förderung von Schülerinnen und Schülern mit besonderen Schwierigkeiten im Erlernen des Lesens und Rechtschreibens (LRS)	https://bass.schul-welt.de/280.htm
Rheinland-Pfalz	»Förderung von Schülerinnen und Schülern mitbesonderen Schwierigkeiten im Lesen und Rechtschreiben «Verwaltungsvorschrift des Ministeriums für Bildung, Wissenschaft, Jugend und Kultur vom 28. August 2007 (9321 -Tgb. Nr. 2308/07)	http://landesrecht.rlp.de/jportal/?quelle=jlink&docid=VVRP000000515&psml=bsrlpprod.psml
Saarland	Richtlinien zur Förderung von Schülerinnen und Schülern mit besonderen Schwierigkeiten beim Erlernen des Lesens und/oder Rechtschreibens vom 15. November 2009. Gesetz Nr. 812 zur Ordnung des Schulwesens im Saarland (Schulordnungsgesetz – SchoG) vom 5. Mai 1965 in der Fassung der Bekanntmachung vom 21. August 1996	http://docplayer.org/107395898-Richtlinien-zur-foerderung-von-schuelerinnen-und-schuelern-mit-besonderen-schwierigkeiten-beim-erlernen-des-lesens-und-oder-rechtschreibens.html

Tab. 18.1: Übersicht über Regelungen der Bundesländer zu schulischer Diagnostik, Unterstützung und Nachteilsausgleich und Notenschutz
– Fortsetzung

Bundesland	Rechtliche Basis	Quelle (Zuletzt Zugriff am 15.04.2021)
Sachsen	VwV LRS-Förderung vom 29. Juni 2006 (MBl. SMK S. 318), die durch die Verwaltungsvorschrift vom 22. Januar 2008 (MBl. SMK S. 284) geändert worden ist, zuletzt enthalten in der Verwaltungsvorschrift vom 9. Dezember 2019 (SächsABl. SDr. S. S 385)	www.revosax.sachsen.de/vorschrift/5441-VwV-LRS-Foerderung
Sachsen-Anhalt	Schulgesetz des Landes Sachsen-Anhalt 2018	https://mb.sachsen-anhalt.de/fileadmin/Bibliothek/Landesjournal/Bildung_und_Wissenschaft/Dokumente/endfassung_schulgesetz.pdf
Schleswig-Holstein	Förderung von Schülerinnen und Schülern mit Lese-/Rechtschreibschwäche (Legasthenie) Erlass des Ministeriums für Bildung, Wissenschaft und Kultur vom 31. August 2018 – III 315 (NBl.MBWK.Schl.-H. 2018 S. 437)	http://www.schulrecht-sh.de/texte/l/legasthenie.htm
Thüringen	Fachliche Empfehlung zu Fördermaßnahmen für Kinder und Jugendliche mit besonderen Lernschwierigkeiten in den allgemeinbildenden Schulen (außer Förderschule) in Thüringen vom 20. August 2008	https://www.thueringen.de/imperia/md/content/tkm/schule/foerderung/fachliche_empfehlung_lernschwierigkeiten_20_08_2008.pdf http://landesrecht.thueringen.de/jportal/?quelle=jlink&query=SchulG+TH&psml=bsthueprod.psml&max=true&aiz=true

19 Übersicht über die Förderprogramme

Die Übersicht zu den Programmen zur Lese- und Rechtschreibstörung stellt eine Auswahl da und orientiert sich daran, ob Studien zur Wirksamkeit und ein Wirksamkeitsnachweis vorliegt.

Tab. 19.1: Programme zur Leseförderung

Name des Programms und Autoren	Was wird gefördert und wie?	Für wen ist das Programm empfohlen?	Wer führt es durch?
Flüssig lesen lernen (Tacke 2012)	Instruktionen zur Phonem-Graphem und Graphem-Phonem-Korrespondenz, Übungen zur Silbenanalyse- und -synthese; Leseförderung anhand von kurzen Geschichten, die in Silbenmarkierungen gedruckt sind. Wirksamkeit bei intensiver Förderung (5 x wöchentlich für 20 Minuten)	Kinder mit Schwierigkeiten im Lesen ab der 1. Schulklasse (bis 4. Klasse)	Zuhause mit den Eltern Schulische Förderung Außerschulische Lerntherapie Einzelförderung und in Kleingruppen
Kieler Leseaufbau (2011)	Leseförderung in 14 Stufen unter weitgehender	Kinder mit Leseschwierigkeiten	Außerschulische Lerntherapie

Tab. 19.1: Programme zur Leseförderung – Fortsetzung

Name des Programms und Autoren	Was wird gefördert und wie?	Für wen ist das Programm empfohlen?	Wer führt es durch?
Dummer-Smoch L, Hackethal R	Beschränkung auf lauttreues Wortmaterial. Im Vordergrund stehen Silbengliederung und Silbensynthese, phonologischen Bewusstheit, Graphem-Phonem-Zuordnung und Lesegenauigkeit	ab der 1.–3/4 Schulklasse	Schulische Förderung Einzelförderung und in Kleingruppen
PotsBlitz. Das Potsdamer Lesetraining. Förderung der basalen Lesefähigkeiten (2009) Ritter C, Scheerer-Neumann G	Strategien zur visuellen Gliederung von Wörtern in größere funktionale Einheiten. (Silben, einzelne Wörter, Zusammengesetzte Wörter), Lesegenauigkeit, Lesegeschwindigkeit, Textlesen	Kinder mit Leseschwierigkeiten ab der 1.–4. Schulklasse	Computerprogramm Außerschulische Lerntherapie Schulische Förderung Einzelförderung und in Kleingruppen
Lesespiele mit Elfe und Mathis. Computerbasierte Leseförderung für die erste bis vierte Klasse (2018) Lenhard A, Lenhard W, Küspert P	Phonologischen Bewusstheit und Buchstabenkenntnis. Silbendurchgliederung, Morpheme, Leseverständnis	Kinder der 1.–4. Klasse	Computerprogramm Außerschulische Lerntherapie Schulische Förderung
Meister Cody Namagi (2018) Schulte-Körne G, Moll K, Huemer S (www.meistercody.com)	Phonologische Bewusstheit, Silbengliederung, phonologische Bewusstheit.	Kinder ab der 1. Klasse	Online-Förderung, Einzelförderung Schulische Förderung

19 Übersicht über die Förderprogramme

Tab. 19.1: Programme zur Leseförderung – Fortsetzung

Name des Programms und Autoren	Was wird gefördert und wie?	Für wen ist das Programm empfohlen?	Wer führt es durch?
	Verbinden von Lauten, Silben. Buchstabe-Laut-Zuordnung, Lesegenauigkeit, Leseflüssigkeit Wiederholtes Lesen		Förderung für Zuhause

Tab. 19.2: Programme zur Rechtschreibförderung

Name des Programms und Autoren	Was wird gefördert und wie?	Für wen ist das Programm empfohlen?	Wer führt es durch?
Das Marburger Rechtschreibtraining. Ein regelgeleitetes Förderprogramm für rechtschreibschwache Kinder (2019, vollständig überarbeitete und erweiterte Aufl.) Schulte-Körne G, Mathwig F	Phonemdifferenzierung, Wortarten erkennen, Groß- und Kleinschreibung, Wortbausteine, Endungen und Vorsilben, Morphem, orthographisches Regelwissen, Lernkarten und Förderung des selbstgesteuerten Lernens	Für Kinder und Jugendliche ab der 2. Klasse	Schule, Lerntherapie, Zuhause, Elterntraining, Einzelsetting, aber auch in homogenen Kleingruppe (max. 5 Kinder) in Schulen
Würzburger orthografisches Training. WorT. (2018) Berger N, Küspert P, Lenhard W, Marx P, Schneider W, Weber J	Lautorientiertes Schreiben, Lautbewusstheit Buchstabe-Laut-Zuordnung, Orthografisches Regelwissen und Schreiben, Silbengliederung	Grundschulkinder: lautgetreues Schreiben ab der 1. Klasse; Rechtschreibregeln ab der 2. Klasse	Schule, Einzel- und/oder Gruppenförderung

Tab. 19.2: Programme zur Rechtschreibförderung – Fortsetzung

Name des Programms und Autoren	Was wird gefördert und wie?	Für wen ist das Programm empfohlen?	Wer führt es durch?
PHONIT. Ein Trainingsprogramm zur Verbesserung der phonologischen Bewusstheit und Rechtschreibleistung im Grundschulalter (2011) Stock C, Schneider W	Förderung der phonologischen Bewusstheit und der Rechtschreibung. Aufgaben zur Buchstaben-Laut-Verbindung, phonologische Schreibspiele, gezielte Schreibübungen zu verschiedenen Rechtschreibregeln und Leseübungen.	Grundschulkindern der 1. bis 4. Klassenstufe	Schule, Einzelförderung Lerntherapie
Morpheus. Morphemunterstütztes Grundwortschatz-Segmentierungstraining (2010) Kargl R, Purgstaller C, Weiss S, Fink A	Segmentierungstraining, Orthografisches Schreiben Wortbausteine: Morpheme Wörter/Grundwortschatz Orthografisches Regelwissen	Kinder der 4.–8. Klassenstufe	Computerunterstütztes Förderprogram Schule (Regelunterricht, Förderunterricht) Zuhause
Kieler Leseaufbau/ Rechtschreibaufbau (2011/2013) Dummer-Smoch L, Hackethal R, Werner R.	Lautorientiertes Schreiben Lautbewusstheit Konsonantencluster Silbengliederung Orthografisches Schreiben Wortbausteine: Reimsegmente, Silben, Morpheme Wörter/Grundwortschatz Orthografisches Regelwissen	Kinder mit Lese- und Rechtschreibschwierigkeiten ab der 1.–3/4 Schulklasse	Lerntherapie Schulische Förderung Einzelförderung und in Kleingruppen

Tab. 19.3: Programme zur Lese- und Rechtschreibförderung

Name des Programms und Autoren	Was wird gefördert und wie?	Für wen ist das Programm empfohlen?	Wer führt es durch?
Lautarium Ein computerbasiertes Trainingsprogramm für Grundschulkinder mit Lese-/Rechtschreibschwierigkeiten (2017) Klatte M, Steinbrink C, Bergström K, Lachmann T	Phonologischen Informationsverarbeitung mit einer systematischen Vermittlung der Graphem-Phonem-Korrespondenz und Übungen zum Lesen und Schreiben lautgetreuer Wörter	Für Kinder ab der 1. Klasse	Computerbasiert Schulische Förderung Zuhause Fördereinrichtungen
Lautgetreue Lese-/ Rechtschreibförderung (Reuter-Liehr, 2006–2020), Band 1-5	Graphem-Phonem-Korrespondenzen (z. B. durch Handzeichen) und Wortanalyse. Schwerpunkt: silbenweisen Sprechens und Analyse der Schreibweisen von Wörtern nach ihrer Lauttreue.	Kinder mit Lese- und/oder Rechtschreibschwierigkeiten ab der 1. Schulklasse	Lerntherapie

Tab. 19.4: Programme zur Prävention

Name des Programms und Autoren	Was wird gefördert und wie?	Für wen ist das Programm empfohlen?	Wer führt es durch?
Hören, lauschen, lernen (2018) Küspert P, Schneider W Hören, lauschen, lernen 2. Spiele mit Buchstaben und Lauten für Kinder im Vorschulalter – Würzburger Buchstaben-Laut-Training (2004) (Plume E, Schneider W	Phonologische Fertigkeiten, Buchstaben, Zuordnung von Buchstaben zu Lauten	Vorschulkinder, ca. 5–6 Monate vor der Einschulung, 1. Klasse Grundschule	Erzieher im Kindergarten, Frühförderstellen, Lehrkraft
Leichter lesen und schreiben lernen mit der Hexe Susi, Übungen und Spiele zur Förderung der phonologischen Bewusstheit (2011) Forster M, Martschinke S, Frank A	Phonologische Bewusstheit	Grundschulalter (erste Klassen)	Lehrkraft einzeln oder mit der gesamten Klasse im Deutschunterricht
Lobo vom Globo – Förderung der phonologischen Bewusstheit (Metz et al. 2010; Fröhlich et al. 2010)	Phonologische Bewusstheit	Kindergartenalter, vorschulisches Elterntraining, Schule: 1 Klasse	Eltern, Erzieher, Lehrkraft
Lass uns lesen! (Rückert et al. 2010)	Sprachförderung, gemeinsames Lesen, phonologische Bewusstheit	Vorschulkinder, ca. 5–6 Monate vor der Einschulung	Kindergarten, Eltern, Frühförderstelle

20 Erläuterung von Fachbegriffen

Begriff	Bedeutung	Beispiel
Phonem	Kleinste sprachliche bedeutungsunterscheidende Einheit	/a/, /b/
Phon	Einzelner Sprachlaut	[a]
Graphem	Kleinste schriftliche bedeutungsunterscheidende Einheit	ss, sch, g
Buchstabe	Einzelnes Schriftzeichen	a, b, d
Silbe	Kleinste Lautfolge im Sprechfluss	Zer-le-gen
Laut(e)	Sprachlaut, kleinste phonetische Einheit der gesprochenen Sprache (siehe Phon)	[a], [b], ...
Morphem	Kleinste schriftliche bedeutungstragende Einheit, z. B. Wortkern	-arbeit- in arbeit-sam, -be-arbeit-en
Phonologische Bewusstheit	Fertigkeit der Lautunterscheidung, Lautverbindung, Lautgedächtnis und schneller Abruf aus dem phonologischen Gedächtnis	Beispiele siehe Kapitel 14.4
Orthografische Bewusstheit	Wissen über orthografische Regelmäßigkeiten der Schriftsprache, über häufige Grapheme und Graphemkombinationen	Beispiele siehe Kapitel 14.4
Evidenzbasierte Förderung	Nachweis der Wirksamkeit einer Förderung anhand von Studien,	Vergleich von Kindern mit einer Lesestörung mit

Begriff	Bedeutung	Beispiel
	die hohen Qualitätsanforderungen erfüllen müssen	Kindern ohne Lesestörung, bevor und nachdem sie eine bestimmte Förderung erhalten haben.
Homophone	Gleichklingende Wörter mit unterschiedlicher Bedeutung	z. B. Leere und Lehre
Pseudohomophone	Gleichklingende Wörter mit unterschiedlicher, orthografisch legaler Verschriftlichung	Mehl vs. Meel
Prozentrang	Ein Prozentrang gibt die individuelle Leistung eines Kindes in einem Testverfahren in Bezug zur Normierungsstichprobe an. Der Prozentrang kann einen Wert von 0–100 annehmen. Ein Wert von 16 bedeutet, dass 74 % der Kinder der Normierungsstichprobe einen gleichen oder höheren Prozentrang erreichen.	Für die Diagnosestellung einer Lese- und/oder Rechtschreibstörung wird in dem jeweiligen Testverfahren (z. B. Lesegeschwindigkeit, Rechtschreibfehler) ein Prozentrang ≤16 empfohlen.
T-Wert	Der T-Wert ist eine Normskala, die einen Mittelwert von 50 und eine Standardabweichung von ± 10 hat.	In der Diagnostik wird neben dem Prozentrang häufig der T-Wert verwendet. Für die Diagnosestellung einer Lese- und/oder Rechtschreibstörung wird in dem jeweiligen Testverfahren (z. B. Lesegeschwindigkeit, Rechtschreibfehler) ein T-Wert ≤40 empfohlen.
Teilhabebeeinträchtigung	Ein oft im Rahmen der Jugendhilfe verwendeter Begriff zur Beschreibung der individuellen und funktionsbezogenen Einschränkungen eines jungen Menschen mit einer drohenden psychischen	Erhebliche Schwierigkeiten in der Schule; das Kind kann sich an den erzieherischen Rahmen nicht halten, ist häufig in Streiereien verwickelt,

20 Erläuterung von Fachbegriffen

Begriff	Bedeutung	Beispiel
	Behinderung in den Bereichen Schule, Familie, Freizeit, Ausbildung und Zuhause.	andauernde Streitbeziehungen zu Mitschülern mit aggressivem Verhalten; massive emotionale Belastung.

Literatur

Bundesverband Legasthenie und Dyskalkulie (2006) Chancengleichheit herstellen, Diskriminierung vermeiden. (www.bvl-legasthenie.de/images/static/pdfs/bvl/Sonderheft_Recht_10_2006.pdf, Zugriff am 25.11.2020).
Deimel W, Schulte-Körne (2006) Modell Schriftsprach-Moderatoren (MSM) (https://www.kjp.med.uni-muenchen.de/download/MSM_Abschlussbericht.pdf, Zugriff am 24.11.2020).
Remschmidt H, Schmidt MH, Poustka F (2017) Multiaxiales Klassifikationsschema für psychische Störungen des Kindes- und Jugendalters nach ICD-10 der WHO. 7. Aufl. Bern: Verlag Hans Huber.
Schulte-Körne G, Mathwig F (2019) Das Marburger Rechtschreibtraining (6. Überarbeitete Auflage). Bochum: Dr. Winkler.
Thomé G, Thomé D (2016) Deutsche Wörter nach Laut- und Schrifteinheiten gegliedert. Oldenburg: isb.

Weiterführende Literatur

Dilling H, Mombour W, Schmidt MH (2015) Internationale Klassifikation psychischer Störungen. ICD-10 Kapitel V (F) – Klinisch-diagnostische Leitlinien. Göttingen: Hogrefe Verlag.
Dummer L, Hackethal R, Werner R (2013) Kieler Rechtschreibaufbau. Kiel: Veris.
Dummer L, Hackethal R (2011) Kieler Leseaufbau. Kiel Veris.
Dummer-Smoch L, Hackethal R (2016) Kieler Leseaufbau. Handbuch. Kiel: Veris.
Galuschka K, Ise E, Krick K, Schulte-Körne G (2014) Effectiveness of Treatment Approaches for Children and Adolescents with Reading Disabilities: A Meta-Analysis of Randomized Controlled Trials. PLOS ONE 9:e89900.
Galuschka K, Rothe J, Schulte-Körne G (2015) Die methodische Beurteilung und qualitative Bewertung psychometrischer Tests am Beispiel aktueller Verfahren zur

Literatur

Erfassung der Lese- und/oder Rechtschreibleistung. Zeitschrift für Kinder- und Jugendpsychiatrie und Psychotherapie 43:317–334.

Galuschka K, Schulte-Körne G (2016) Diagnostik und Förderung von Kindern und Jugendlichen mit Lese- und/oder Rechtschreibstörung. Deutsches Ärzteblatt International 113:279–286.

Galuschka K, Görgen R, Kalmar J., Haberstroh S, Schmalz X, Schulte-Körne G (2020) Effectiveness of spelling interventions for learners with dyslexia: A meta-analysis and systematic review. Educational Psychologist 55:1–20.

Görgen R, Huemer S, Schulte-Körne G, Moll K (2020) Evaluation of a digital game-based reading training for German children with reading disorder. Computers & Education 150:103834 (https://doi.org/10.1016/j.compedu.2020.103834).

Hasselhorn M, Schneider W (2016) Förderprogramme für Vor- und Grundschule (Vol. 14). Göttingen: Hogrefe Verlag.

Huemer S, Moll K, Schulte-Körne G. (2018) Onlinebasierte Leseförderung für Grundschüler: Das Konzept »Meister Cody–Namagi«. Lernen und Lernstörungen 7:247–252.

Ise E, Engel RR, Schulte-Körne G (2012) Was hilft bei der Lese-Rechtschreibstörung? Ergebnisse einer Metaanalyse zur Wirksamkeit deutschsprachiger Förderansätze. Kindheit und Entwicklung. 21:122–136.

Klicpera C, Schabmann A (2017) Legasthenie – LRS: Modelle, Diagnose, Therapie und Förderung. Stuttgart: utb.

Küspert P (2015) Neue Strategien gegen Legasthenie. Lese- und Rechtschreibschwäche: Erkennen, Vorbeugen, Behandeln. München: Oberstebrink.

Löffler C (2014) Analphabetismus-oder: Erwachsene mit Lese- und Schreibschwierigkeiten. In: Schulte-Körne G, Thomé, G (Hrsg.) LRS-Legasthenie interdisziplinär. Oldenburg: Isb-Verlag S. 61–78.

Rothe J, Cornell SA, Ise E, Schulte-Körne G (2015) A Comparison of Orthographic Processing in Children with and without Reading and Spelling Disorder in a Regular Orthography. Reading and Writing: An Interdisciplinary Journal 28:1307–1332. (doi 10.1007/s11145-015-9572-1).

Rothe J, Schulte-Körne G, Ise E (2014) Does sensitivity to orthographic regularities influence reading and spelling acquisition? A 1-year prospective study. Reading and Writing: An Interdisciplinary Journal. 27:1141–1161. (doi 10.1007/s11145-013-9479-7)

Schulte-Körne G, Galuschka K (2019) Lese-/Rechtschreibstörung (LRS) (Leitfaden Kinder- und Jugendpsychotherapie). Göttingen: Hogrefe.

Schulte-Körne G, Galuschka K (2018) Ratgeber Lese-/Rechtschreibstörung (LRS): Informationen für Betroffene, Eltern, Lehrer und Erzieher (Ratgeber Kinder- und Jugendpsychotherapie). Göttingen: Hogrefe.

Schulte-Körne G, Thomé G (Hrsg.) (2014) LRS – Legasthenie interdisziplinär. Waltrop: isb-Verlag

Schulte-Körne G (Hrsg.) (2011) Legasthenie und Dyskalkulie Stärken erkennen – Stärken fördern. Bochum: Verlag Dr. Dieter Winkler.

Schulte-Körne G (2010) Diagnostik und Therapie der Lese-Rechtschreib-Störung. Deutsches Ärzteblatt 107:718–727.

Schulte-Körne G (2016) Psychische Störungen bei Kindern und Jugendlichen im schulischen Umfeld. Deutsches Ärzteblatt International 113:183–190.

Steinbrink C, Lachmann T (2014) Lese-Rechtschreibstörung: Grundlagen, Diagnostik, Intervention. Heidelberg: Springer Verlag.

Thomé G (2017) ABC und andere Irrtümer über Orthographie, Rechtschreiben, LRS/Legasthenie: – harte Fakten – wissenschaftlich untermauert – locker dargestellt. Oldenburg: Institut für sprachliche Bildung.

Visser L, Kalmar J, Linkersdörfer J, Görgen R, Rothe J, Hasselhorn M, Schulte-Körne G (2020) Comorbidities between specific learning disorders and psychopathology in elementary school children in Germany. Front. Psychiatry 11:292. (doi: 10.3389/fpsyt.2020.00292).

Volkmer S, Schulte-Körne G, Galuschka K (2019) Die Rolle der morphologischen Bewusstheit bei Lese- und Rechtschreibleistungen. Zeitschrift für Kinder- und Jugendpsychiatrie und Psychotherapie 47: 334–344. (doi.org/10.1024/1422-4917/a000652).

Leitlinien

S3-Leitlinie ADHS bei Kindern, Jugendlichen und Erwachsenen. www.awmf.org/leitlinien/detail/ll/028-045.html.

S3-Leitlinie Behandlung depressiver Störungen bei Kindern und Jugendlichen. www.awmf.org/leitlinien/detail/ll/028-043.html.

S3-Leitlinie Diagnostik und Behandlung der Lese- und/oder Rechtschreibstörung bei Kindern und Jugendlichen. www.awmf.org/leitlinien/detail/ll/028-044.html.

Zitierte Förderprogramme

Berger N, Küspert P, Lenhard W, Marx P, Schneider W, Weber J (2009) Würzburger orthografisches Training. Ein adaptierbares Rechtschreibtrainingsprogramm für die Grundschule. Göttingen: Hogrefe.

Literatur

Dummer-Smoch L, Hackethal R (2011) Kieler Leseaufbau: Handbuch und Übungsmaterialien. Kiel: Veris Verlag.

Dummer-Smoch L, Hackethal R, Werner R (2013) Kieler Rechtschreibaufbau: Handbuch und Übungsmaterialien. Kiel: Veris Verlag.

Forster M, Martschinke S, Frank A (2001) Leichter lesen und schreiben lernen mit der Hexe Susi: Übungen und Spiele zur Förderung der phonologischen Bewusstheit. Donauwörth: Auer.

Fröhlich LP, Metz D, Petermann F (2010) Förderung der phonologischen Bewusstheit und sprachlicher Kompetenzen: Das Lobo-Kindergartenprogramm. Göttingen: Hogrefe.

Klatte M, Steinbrink C, Bergström K, Lachmann T (2017) Lautarium. Ein computerbasiertes Trainingsprogramm für Grundschulkinder mit Lese-Rechtschreibschwierigkeiten. Göttingen: Hogrefe.

Kargl R, Purgstaller C, Weiss S, Fink A (2010) Morpheus. Morphemunterstütztes Grundwortschatz-Segmentierungstraining. Göttingen: Hogrefe.

Lenhard A, Lenhard W, Küspert P (2018) Lesespiele mit Elfe und Mathis: computerbasierte Leseförderungen für die erste bis vierte Klasse. 2., überarbeitete Aufl. Göttingen: Hogrefe.

Metz D, Fröhlich LP, Petermann F (2010) Schulbasierte Förderung der phonologischen Bewusstheit und sprachlicher Kompetenzen. Das Lobo-Schulprogramm. Göttingen: Hogrefe.

Petermann F, Fröhlich L.P, Metz D, Koglin U (2010) Elternbasierte Sprachförderung im Vorschulalter. Das Lobo-Programm. Göttingen: Hogrefe.

Plume E, Schneider W (2004) Hören, lauschen, lernen 2. Spiele mit Buchstaben und Lauten für Kinder im Vorschulalter - Würzburger Buchstaben-Laut-Training. Göttingen: Hogrefe.

Küspert P, Schneider W (2018) Hören, lauschen, lernen. Sprachspiele für Kinder im Vorschulalter – Würzburger Trainingsprogramm zur Vorbereitung auf den Erwerb der Schriftsprache. Göttingen: Hogrefe.

Reuter-Liehr C (2020) Lautgetreue Lese-Rechtschreibförderung, Band 1: Eine Einführung in das Training der phonemischen Strategie auf der Basis des rhythmischen Syllabierens mit einer Darstellung des Übergangs zur morphemischen Strategie. Bochum: Verlag Dr. Winkler.

Rückert EM, Kunze S, Schulte-Körne G (2010) Lass uns lesen. Ein Eltern-Kind-Training zur Vorbereitung auf das Lesen-und Schreibenlernen. Bochum: Verlag Dr. Winkler.

Scheerer-Neumann G, Ritter C (2009) PotsBlitz – Potsdamer Lesetraining: Das neue Übungsprogramm zur Förderung der Lesegenauigkeit und -geschwindigkeit. Köln: ProLog.

Schulte-Körne G, Mathwig F (2019) Das Marburger Rechtschreibtraining (6. Überarbeitete Auflage). Bochum: Verlag Dr. Winkler.

Schulte-Körne G, Moll K, Huemer S (2018) Meister Cody Namagi. (www.meistercody.com)

Stock C, Schneider W (2011) PHONIT – Ein Trainingsprogramm zur Verbesserung der phonologischen Bewusstheit und Rechtschreibleistung im Grundschulalter. Göttingen: Hogrefe.

Tacke G (2012) Flüssig lesen lernen. Donauwörth: Auer.

Stichwortverzeichnis

A

Anamnese 46
Angststörung 36, 80, 95
– Ängste 35, 74
– Prüfungsangst 96, 99
– Schulangst 96
– soziale Angst 96
Attest 15, 119, 132
Aufmerksamkeitsdefizit-Hyperaktivitätsstörung 35, 38, 74, 80, 100
Aufmerksamkeitsstörung 40, 100
Ausbildungsinstitut 133

B

Basisgraphem 91
Behandlung
– Auditive Wahrnehmung 102
– Irlen Linsen 102
– Kinesiologie 102
– Nahrungsergänzungmittel 102
– Visuelle Wahrnehmung 102
– Wahrnehmungstraining 101
Behinderung 119, 122
– Seelische Behinderung 69, 120, 132
Beratung 130
Beratungsgespräch 67
Berufsausbildung 119

Besondere Schwierigkeiten beim Erlernen des Lesens, Rechtschreibens und des Lesens und Rechtschreibens 12
Bundesverband Legasthenie und Dyscalculia e. V. 28, 67, 129

D

Depression 35, 74, 95, 97
– Behandlungsleitlinie 98
– Traurige Stimmung 37
Deutschdidaktik 115
Diagnostik
– Ausschlusskriterium 51, 61
– Einschlusskriterium 51, 61
– Elektroenzephalogramm 49
– Facharzt für Augenheilkunde 50
– Facharzt für Hals-, Nasen- und Ohrenheilkunde 20
– Facharzt für Kinder- und Jugendmedizin 24
– Facharzt für Kinder- und Jugendpsychiatrie und -psychotherapie 29, 48, 131
– Facharzt für Phoniatrie und Pädaudiologie 20, 49–50
– Facharzt für Psychiatrie und Psychotherapie 28
– Facharzt für Psychosomatische Medizin und Psychotherapie 28
– Intelligenzkriterium 51, 61

- Intelligenztest 54, 56, 63
- interdisziplinär 46
- Kinder- und jugendpsychiatrische Diagnostik 25, 45, 48, 62, 72
- Lesetest 53
- multiaxial 47
- Orthografische Bewusstheit 110
- Phonologische Bewusstheit 109
- psychologische 46
- psychopathologischer Befund 46
- Prozentrang 54
- Schultests 78
- Testdiagnostik 50
- Testpsychologische Untersuchung 54, 63

Dyslexie 12–13
Dyslexietherapeut 73, 133

E

Eingliederungshilfe 54
Eingliederungshilfe nach § 35a 54, 74, 132
Eltern
- außerschulische Förderung 69, 72
- familiäre Unterstützung 70, 112

Emotionale Probleme 37
Emotionalstörung 80
Entwicklungsstörungen 43
Erwachsene 28
Erzieherinnen 127
Evidenzbasierte Förderung 144

F

Facharzt für Kinder- und Jugendpsychiatrie und -psychotherapie 62, 131
Fachärztliches Attest 29
Förderung
- Einzelförderung 87
- Fördereffekte 50
- Gruppenförderung 87, 115
- häusliche Förderung 69, 70
- integrativer Förderansatz 87
- Leseförderung 89
- morphembasierte 31, 81
- orthografisches Wissen 90
- regelgeleitete 81
- Wirksamkeitsnachweis 88
- Wortmaterial 81

Fremdsprachenunterricht 118
Fremdsprachenwahl 117

G

Ganzwortmethode 116
Gedächtnis 125
Graphem 22, 30, 91, 144
Graphem-Phonem-Zuordnung 22, 59, 89, 91, 108
Graphomotorische Probleme 58
Groß- und Kleinschreibung 58

H

Handzeichen 116
Hausaufgaben 68
Häusliche Förderung
- Förderkonzepte 70
- Lehrkraft 71
- Lesen 71
- Übungseinheiten 71

Hilfen
- Buchstabenabstand 72
- größere Schrift 72
- Zeilenabstand 72

Hörstörung 19, 57
- Mittelohrentzündungen 19

Hyperaktivität 39
Hyperkinetische Störung 35

I

ICD-10 16, 51, 60–61, 131
Impulsivität 39
Infobroschüren 129
Integrativer Lerntherapeut FiL 133
Intelligenz 111

J

Jugendamt 73
Jugendhilfe 121
- § 35a 121
Junge Erwachsene 130
- Ja! Junge Aktive im BVL 28, 130

K

Kindergarten 18, 124
Klassenklima 83
Klassifikationsschema
- ICD-10 16, 122
Klassifikationssystem 14, 16, 47
Kosten 120
Krankheit 111
Krankenkasse 111
Krankenversicherungen 50, 69, 121

L

Laut 22, 76, 144
Legasthenie 12
Leitlinie zur Diagnostik und Förderung bei der LRS 52, 55, 64, 79, 111
Lernblockaden 96, 98
Lernförderung 73
Lernverlaufs-Diagnostik 79
Lese- und Rechtschreibschwäche 12
Lese- und Rechtschreibstörung 11
Leseentwicklung 22
Leseförderung 28
- Wortdurchgliederung 90

Leseschwäche 12
Lesestörung 11, 21
- Augenfunktionen 43
- Ausschlusskriterien 51
- Diagnostik 43, 45
- Einschlusskriterien 51
- IQ-Diskrepanzkriterium 53
- Lesefehler 21, 43
- Lesegeschwindigkeit 21, 26, 43, 54
- Leseverständnis 43, 55
- Prozentrangkriterium 53
- Schweregrad 53
Leseverständnis 77, 81, 91

M

Multiaxiale Klassifikation 47, 122, 132
Morphem 31, 77, 92, 144
Motivation 83
Motivationsförderung 126
Mythen 110

N

Nachteilsausgleich 29, 72, 84, 100, 118–119
- Leistungsbewertung 85
- Persönliche Unterstützung 85
- Prüfungsbedingungen 85
- Technische Unterstützung 85
- Textgestaltung 85
- Zeitverlängerung 85
Notenschutz 72, 84, 86, 100, 118

O

Öffentlichkeitsarbeit
- Film »I Wonder« 129
- Film »Ich hab' Legasthenie - Na und?!« 130
Okkuläre Sehstörung 111

Orthografische Bewusstheit 92, 109, 144
- wortspezifisches Wissen 77, 109

P

Phon 22
Phonem 89, 144
Phonem-Graphem-Zuordnung 31, 76–77, 91, 117
Phonologische Bewusstheit 76, 108, 144
- Laute aus dem Gedächtnis abrufen 22
- Laute benennen 23
- Laute ersetzen 109
- Laute isolieren 23, 127
- Laute streichen 109, 127
- Laute unterscheiden 22, 59, 124, 127
- Laute verbinden 22–23, 124
- Laute zählen 23, 124
- Reime erkennen 108, 124, 126
- Silben erkennen 108, 124, 126
Phonologische Bewusstheit 76, 126
Prävention 17, 19, 124, 128
- Bilderbücher 125
- Hören, Lauschen, Lernen 127
- Lass uns lesen 126
Prozentrang 53, 145
Pseudowörter 80
Psychische Probleme 36, 115
Psychosomatische Symptome
- Ängste 24
- Kopfschmerzen, Bauchschmerzen 21, 24, 41
Psychotherapie 95

Q

Qualifizierte Ausbildung 133

R

Rechenstörung 30, 44, 73, 112
Rechentest 62
Rechtschreibregeln 32, 93
Rechtschreibregelwissen 92
Rechtschreibschwäche 12
Rechtschreibstörung 11, 30, 58, 62
- Ausschlusskriterien 61
- Buchstabenkenntnis 30
- Buchstabenunterscheidung 33
- Diagnostik 57
- Einschlusskriterien 61
- orthografische Regelmäßigkeiten 31
- Problembereiche 58
- Rechtschreibfehler 32, 60
- Rechtschreibtest 60
Rechtschreibung
- Basisgraphem 77
- Entwicklungsstufen 59
- Morphem 59
- orthografische Regelmäßigkeiten 77
- orthografisches Muster 59
- Rechtschreib-Regelwissen 77
Reime 109
Risikofaktoren 17, 20

S

Schlafstörungen 35
Schnelles Benennen 125
Schriftspracherwerb 83
Schulabschluss 118
Schulangst 36
Schule
- Anfangsunterricht 81
- Diagnostik 75
- Fibel 82
- Förderung 80, 115
- Morphemwissen 82
- Phonemdifferenzierung 82

- Schriftspracherwerbsprozess 83
Schulpsychologie 71, 116, 131
Schulrecht 115
Schultest 78
Schulungen 130
Screeningverfahren 79
Seelische Behinderung 74, 122
Selbstvertrauen 83
Selbstwertprobleme 95
Selbstwertzweifel 35
Silbe 80, 144
Silbenreim 80
Sommercamp 131
Sprachentwicklung 18
- Sprachverständnis 18
- Sprachwahrnehmung 18
Sprachprobleme 33

T

Teilhabebeeinträchtigung 74, 120, 123, 132, 145
Teilleistungsstörung 13, 112
Textproduktion 30, 57, 94
Textverständnis 90
Therapiekosten 121
T-Wert 53, 55, 145

U

Umschriebene Entwicklungsstörungen schulischer Fertigkeiten 111
Unterrichtspraxis 81, 113
Ursache 17, 103
- Erblichkeit 30, 104
- Familiäre Häufung 33
- Gehirnregionen 105
- Genveränderungen 104
- Sprachwahrnehmung 103
- Visuelle Informationsverarbeitung 105

V

Verhaltensstörungen 35
Vorläuferfertigkeiten 22–23
- Reime erkennen 23
- Silben zählen 23

W

Wortaufbau 90
Wortkartei 93
Wortspeicher 23

2., aktual. Auflage 2019
172 Seiten mit 23 Abb.
und 7 Tab. Kart.
€ 24,–
ISBN 978-3-17-035017-5
Lehren und Lernen

Die Schriftsprache ist eine der faszinierendsten Errungenschaften der Menschheit. Der Prozess des Verstehens beim Lesen ist sehr komplex und wird von vielen Einflussfaktoren bestimmt. Im Buch werden diese Faktoren, ihre Entwicklung und ihr Zusammenspiel systematisch erarbeitet. Hierdurch eröffnet sich eine Perspektive auf die Frage, an welchen Punkten Diagnostik und Förderung ansetzen können.
Dieses Buch bietet dem Leser einen Einblick in Theorien und Modelle und zeigt aktuelle Forschungsergebnisse und die Entwicklung im deutschsprachigen Raum seit der ersten PISA-Untersuchung auf. Darüber hinaus beleuchtet es die Frage, wo die besonderen Bedürfnisse schwacher Leser liegen, schildert Diagnosemöglichkeiten und geht auf systematische und evidenzbasierte Fördermöglichkeiten ein.

Auch als E-Book erhältlich.
Leseproben und weitere Informationen: **www.kohlhammer.de**

2., aktual. Auflage 2018
174 Seiten mit 23 Abb.
und 6 Tab. Kart.
€ 28,–
ISBN 978-3-17-034158-6
Lehren und Lernen

Kinder und Jugendliche mit Problemen beim Erlernen des Lesens und der Rechtschreibung benötigen eine besondere Förderung – das ist unumstritten. Trotzdem bleiben Fragen: Wie sinnvoll sind die Kriterien, nach denen Kinder als lese-rechtschreib-schwach bzw. als Legastheniker diagnostiziert werden? Welche Fördermaßnahmen sind erfolgreich und wie kann man sie individuell passgenau auswählen? Haben sich die Verfahren zur Prävention von LRS bewährt? Ausgehend von einer entwicklungspsychologischen Analyse der kognitiven Prozesse beim Schriftspracherwerb bietet das Buch ein theoretisches Gerüst, um individuelle „Schwachstellen" beim Schriftspracherwerb und Ansätze für die Förderung zu erkennen. Es werden diagnostische Verfahren und Förderprogramme vorgestellt – einschließlich der Ergebnisse zu ihrer Evaluation. Fallbeispiele veranschaulichen die Ausführungen.

Auch als E-Book erhältlich.
Leseproben und weitere Informationen: www.kohlhammer.de

2021. 144 Seiten. Kart.
€ 26,–
ISBN 978-3-17-036571-1
Lehren und Lernen

Digitale Technologien bestimmen unseren Alltag und entwickeln sich stetig weiter. So wird auch digitales Lehren und Lernen immer mehr zur Notwendigkeit und Praxis.
Dieses Buch skizziert anhand von zahlreichen Beispielen, wie digitales Lehren und Lernen erfolgreich gestaltet werden kann. Auf Basis des jeweiligen mediendidaktischen und lernpsychologischen Forschungsstandes werden Ansätze wie Lernen mit Multimedia, Simulationen, kooperatives Lernen über das Internet, Adaptivität und Interaktivität, erweiterte und virtuelle Realität sowie weitere Besonderheiten digitaler Lernangebote vorgestellt. Zentrales Anliegen ist es, einen Überblick über die Vor- und Nachteile unterschiedlicher digitaler Lehr- und Lernformen zu geben.

Auch als E-Book erhältlich.
Leseproben und weitere Informationen: www.kohlhammer.de